# LE TRANSSAHARIEN

## UN AN APRÈS

PAR

**Georges ROLLAND**
Ingénieur au Corps des Mines

« Faire un tout de l'Algérie, du Sénégal et du Congo, par le Sahara touareg et par le Soudan central et occidental. » (GÉNÉRAL PHILEBERT et GEORGES ROLLAND, *la France en Afrique et le Transsaharien*, mai 1890.)

« Puissance avant tout continentale, solidement installée en Algérie, la France ne tiendra bien en main, sur le continent africain, que ce qu'elle aura relié à l'Algérie par une voie continentale. » (Juin 1891.) — G. R.

**LETTRES ET ARTICLES PUBLIÉS DEPUIS UN AN PAR G. ROLLAND ET A. FOCK**

APRÈS LA CONVENTION FRANCO-ANGLAISE
LES TRACÉS TRANSSAHARIENS
TRAFIC ET TARIFS DU CENTRAL-TRANSSAHARIEN

RÉPONSES A MM. GERHARD ROHLFS, DUPONCHEL,
DE VOGUÉ, X... D'ORAN, BEAU DE ROCHAS, DEPORTER, BROUSSAIS, ETC.

**Lettres de MM. le Colonel de Polignac, le Capitaine Binger,
Édouard Blanc, le Capitaine Brosselard-Faidherbe**

AVEC UNE CARTE DE L'AFRIQUE FRANÇAISE

PARIS
Augustin CHALLAMEL, Éditeur
LIBRAIRIE ALGÉRIENNE ET COLONIALE
5, rue Jacob, 5

EN VENTE CHEZ TOUS LES LIBRAIRES

1891

# LE TRANSSAHARIEN

## *UN AN APRÈS*

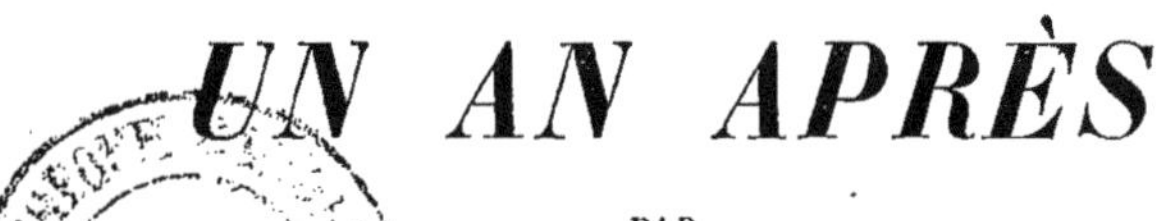

PAR

**Georges ROLLAND**
Ingénieur au Corps des Mines

« Faire un tout de l'Algérie, du Sénégal et du Congo par le Sahara touareg et par le Soudan central et occidental. » (GÉNÉRAL PHILEBERT et GEORGES ROLLAND. *la France en Afrique et le Transsaharien*, mai 1860.)

« Puissance avant tout continentale, solidement installée en Algérie, la France ne tiendra bien en main, sur le continent africain, que ce qu'elle aura relié à l'Algérie par une voie continentale. » (Juin 1891). — G. R.

LETTRES ET ARTICLES PUBLIÉS DEPUIS UN AN PAR G. ROLLAND ET A. FOCK

APRÈS LA CONVENTION FRANCO-ANGLAISE
LES TRACÉS TRANSSAHARIENS
TRAFIC ET TARIFS DU CENTRAL-TRANSSAHARIEN

RÉPONSES A MM. GERHARD ROHLFS, DUPONCHEL,
DE VOGUÉ, X... D'ORAN, BEAU DE ROCHAS, DEPORTER, BROUSSAIS, ETC.

**Lettres de MM. le Colonel de Polignac, le Capitaine Binger,
Edouard Blanc, le Capitaine Brosselard-Faidherbe**

AVEC UNE CARTE DE L'AFRIQUE FRANÇAISE

PARIS
Augustin CHALLAMEL, Éditeur
LIBRAIRIE ALGÉRIENNE ET COLONIALE
5, rue Jacob, 5

EN VENTE CHEZ TOUS LES LIBRAIRES

1891

# INDEX

# LE TRANSSAHARIEN

## *UN AN APRÈS*

---

## INTRODUCTION

Il y a un an, le Transsaharien semblait à la veille d'entrer dans le domaine des faits.

Ma conférence du 7 mars 1890 à la Société de Géographie et la controverse qui suivit, puis l'étude que je publiais au mois de mai, en collaboration avec mon maître et ami le général Philebert, sur *la France en Afrique et le Transsaharien* (1), avaient eu dans l'opinion un patriotique écho. Survinrent la brusque nouvelle du partage anglo-allemand et, bientôt après, les négociations franco-anglaises. Le Transsaharien fut décidé alors, en principe, dans les conseils du Gouvernement.

Aujourd'hui, recul complet. Non seulement le Gouvernement n'a pas présenté aux Chambres le projet de loi primitif, qui comportait un vote ferme sur le premier tronçon de Biskra-Ouargla et le classement du Transsaharien vers le lac Tchad;

---

(1) Général Philebert et Georges Rolland : *la France en Afrique et le Transsaharien* (Challamel, éditeur, 1890).

mais il hésite même à présenter — il ne présentera même pas — le projet de loi modifié, qui restreint la question à un simple prolongement du réseau algérien jusqu'à Ouargla, sans plus prononcer le mot de Transsaharien.

C'est un avortement. A quoi l'attribuer? A bien des causes, plus ou moins tristes. Les principales furent : d'abord, les divisions pitoyables des trois départements algériens sur la question des tracés; puis, les rivalités d'écoles et certaines tendances — favorisées par certains mauvais vouloirs — à faire dévier la question transsaharienne du terrain de pénétration pacifique où nous l'avions placée, vers un plan tout opposé d'expéditions ou de promenades militaires dans l'extrême Sud; enfin, et surtout, la situation financière et les dispositions médiocres du Parlement à la perspective de toute charge nouvelle pour le budget.

Maintenant les préoccupations changeantes de l'opinion sont ailleurs..... et, à moins d'une saute de vent imprévue, il serait désormais illusoire de compter sur l'État pour prendre en main ce grand projet national de Transsaharien et pour l'aider de sa garantie financière.

Si nous voulons que le Transsaharien se fasse, que la France ne manque pas à sa mission en Afrique, nous ne devons plus compter que sur nous-mêmes, sur l'initiative privée.

***

Voilà plus de six mois que ma conviction est faite à cet égard, et que je n'espère plus rien du concours effectif de l'État. Je n'y avais pensé, d'ailleurs, que parce que nous sommes en France, et que, de plus, je savais tout l'intérêt que portait, de longue date, à la question l'homme éminent qui se trouve à la tête du Gouvernement. Mais mes préférences intimes ont toujours été, — en matière coloniale, — pour un affranchissement aussi complet que possible de l'ingérence — essentiellement stérilisante — de l'État. Depuis longtemps, je considère que pour mettre notre domaine colonial en valeur, pour lutter à armes égales avec nos concurrents anglais, allemands et autres, en Afrique ou ailleurs, le seul moyen pratique est d'en revenir au système des grandes Compagnies de colonisation à charte.

Cette manière de colonisation — celle que nos pères ont inaugurée jadis aux Indes et qui a donné la moitié du monde à l'Angleterre — est décidément la vraie, quand il s'agit de territoires lointains à faire fructifier et à ouvrir au commerce de la mère-patrie. Elle a fait ses preuves, et c'est bien elle qui concilie le mieux la double exigence du problème à résoudre : d'une part, sauvegarder les finances, les soldats et la responsabilité de l'Etat; d'autre part, encourager les initiatives hardies et donner aux groupes d'individualités qui s'offrent, des avantages et des pouvoirs suffisants pour aller faire œuvre viable et rémunératrice aux colonies : le tout pour le plus grand profit et à la plus grande gloire de la métropole !

Aussi suis-je de ceux qui ont applaudi, du plus profond de leur cœur de bons Français, au vœu récemment émis par le Conseil supérieur des colonies, savoir « *qu'il y avait lieu de favoriser la création de Compagnies privilégiées, pour la colonisation et la mise en valeur des territoires situés dans les possessions françaises ou placés sous l'influence de la France* ». Un rapport très fortement motivé indique les règles qui devront présider à leur constitution, et l'on ne comprendrait pas les oppositions étroites, désespérantes, que soulèverait chez nous l'application de ce système des grandes Compagnies, ainsi remanié et adapté à nos conditions économiques et politiques. Observation importante au point de vue pratique : le Conseil des colonies estime que, dès aujourd'hui et en l'état actuel de notre législation, le Gouvernement peut octroyer par décret des chartes aux Compagnies de colonisation.

Ce même vœu du Conseil supérieur des colonies vient de recevoir une nouvelle consécration de la part de la Chambre de commerce de Paris.

***

Espérons que ces déclarations, aussi fermes qu'autorisées, marqueront le début d'une ère nouvelle et féconde dans le développement de l'Afrique française! Espérons, me permettra-t-on d'ajouter, qu'elles nous aideront à réaliser le Transsaharien : le Transsaharien, sans lequel la France ne fera rien d'utile, ni de durable, dans l'intérieur africain!

Puissance avant tout continentale, solidement installée en Algérie, la France ne tiendra bien en main, sur le continent africain, que ce qu'elle aura relié à l'Algérie par une voie continentale.

Mais, avec une grande Compagnie coloniale, la conception du Transsaharien change. Il ne s'agirait plus seulement d'une voie ferrée, construite et garantie par l'État dans un but surtout politique, stratégique, humanitaire, — d'une entreprise de travaux publics à envisager isolément, sur laquelle d'autres opérations, commerciales, agricoles, viendraient assurément se greffer, mais qui, en elle-même, serait forcément d'un rendement médiocre. Il s'agirait d'une puissante Compagnie privée, avant tout commerciale, dont le chemin de fer ne représenterait plus que l'outillage principal. Le Transsaharien serait alors, pour ainsi dire, l'instrument, dont un syndicat de négociants, d'industriels, d'exportateurs, se servirait pour pénétrer économiquement dans les régions peuplées et productives du Soudan central, pour aller y faire des échanges, en tirer des matières premières, y vendre des articles manufacturés, et aussi pour faire des cultures de rapport le long de la ligne et principalement le long de ses prolongements soudanais.

Le commerce, les cultures, voilà ce qui, dans une combinaison semblable, doit donner des bénéfices, bénéfices certains et sans doute énormes. Quant au chemin de fer, il fera simplement, il devra même ne faire que ses frais, — attendu que son objet essentiel sera de transporter à aussi bas prix que possible. — Autrement dit, le chemin de fer ne sera plus un but, mais un moyen.

*
* *

Me plaçant dans cet ordre d'idées, j'ai complété mon projet de chemin de fer transsaharien par un nouveau projet de grande Compagnie coloniale et commerciale, dont la sphère d'action, reconnue par le Gouvernement, s'étendrait de Ouargla aux régions de lac Tchad, et qui se chargerait de construire le Central-Transsaharien à ses risques et périls et en quelques années.

Le programme est étudié aussi complètement que possible en pareille matière, sous ses diverses faces technique, agricole, commerciale, financière, politique. Le concours de personnalités éminentes, aussi désintéressées que moi-même, m'est assuré dès aujourd'hui. Enfin, mes convictions sont partagées par des hommes de cœur, de compétence et d'honorabilité hors de toute discussion, à la fois pratiques et entreprenants, dont la situation ou les attaches, dans le monde des affaires et dans le Parlement, permettent d'espérer que tant d'efforts ne resteront pas sans résultat.

*
* *

Arrivé à ce point de ma route, j'ai cru intéressant de réunir la série des principaux documents, lettres, articles, études diverses, qui ont été publiés depuis un an, tant par mon ami et collaborateur, M. l'ingénieur Fock, que par moi-même.

On pourra suivre dans ce recueil l'évolution de la question transsaharienne.

La discussion sur les tracés y a malheureusement, comme on verra, une place plus importante qu'il ne conviendrait. Mais nous avons dû subir une situation et riposter au feu convergent de nos adversaires.

Au reste, du moment qu'il n'est plus question d'obtenir de l'État qu'il garantisse l'intérêt du capital de premier établissement du chemin de fer, ni ses frais d'exploitation, du moment que le nouveau programme est de former une Compagnie coloniale et commerciale, opérant à ses risques et périls, je suis fort tranquille relativement au tracé qui sera choisi par les intéressés. Économiquement parlant, le seul objectif admissible, le seul qui puisse *payer*, c'est le Centre-Afrique, ce sont les régions du lac Tchad. Pour les atteindre, le meilleur tracé sera évidemment celui qui, à tout un ensemble d'avantages que nous avons montrés et qu'on ne parviendra pas à diminuer, joint celui d'être le plus direct, le moins long, aussi bien comme nombre de kilomètres à construire que comme trajet à faire parcourir aux marchandises.

A ce propos, je dois reconnaître que j'avais tort, jusqu'ici, de dire que notre tracé central de Transsaharien sur le Tchad comportait 3,100 kilomètres à établir. Cela est vrai pour atteindre le Tchad ; mais le *Transsaharien* proprement dit, c'est-à-dire le chemin de fer destiné à traverser le *Sahara* et à relier l'*Algérie* aux pays productifs du *Soudan* central, cesse, de fait, à Tin-Telloust, véritable port des caravanes des Touareg Kel-Aïr : or, il a 2,200 kilomètres environ. Au delà, ce n'est plus le Transsaharien, c'est son prolongement soudanais. A 250 kilomètres plus loin (soit à moins de 2,500 kilomètres de Biskra), c'est Agadès, le centre indiqué de notre puissance politique en Afrique, vers lequel je suis d'avis (aujourd'hui que Kouka est devenu douteux comme objectif exclusivement français) de diriger l'artère principale du Central-Transsaharien.

La carte ci-jointe traduit bien, dans sa simplicité voulue, mes impressions actuelles, et, en y jetant les yeux, ceux qui connaissent ces questions, me comprendront.

*
* *

Pour ce qui était d'orienter le Transsaharien vers le coude du Niger, vers le Soudan occidental, l'État pouvait y songer, en raison de l'intérêt politique de la jonction de l'Algérie avec le Sénégal, et l'on trouvera la trace de cette préoccupation dans ceux des documents ci-après qui sont datés du courant du second semestre de 1890 : je m'évertuais alors — bien que répondant à des sourds — à faire observer qu'avec la bifurcation d'Amguid sur Bouroum, le Central-Transsaharien n'était pas plus long que le Transsaharien des Oranais. Aujourd'hui que l'État se désintéresse de la cause du Transsaharien, que nous n'avons plus à nous occuper que d'un Transsaharien *commercial*, j'abandonne complètement cette bifurcation : je vais droit au but économique, dont la première étape est Tin-Telloust, la seconde Agadès, et, de là, je crois satisfaire suffisamment à ce qu'a de légitime le désir de la jonction avec le Sénégal, en prévoyant un embranchement ultérieur vers Saï, à l'ouest.

Mais la grande idée du Transsaharien n'est pas de ce côté : on la trouve à Agadès ; on la suit au Tchad ; on la poursuit en se reliant au Congo français ; on la continue enfin le long de la grande artère de l'avenir, se détachant dans la direction des Grands Lacs, et nous rendant, nous Français, — maitres de l'Algérie, c'est-à-dire de l'avant-garde de l'Europe en Afrique, — nous rendant, — malgré toutes nos fautes, toutes nos inconséquences, — les maîtres incontestés de l'intérieur africain, et cela du jour où nous le voudrons, du jour où nous aurons construit le Central-Transsaharien.

***

De pareilles perspectives, qu'il ne tient qu'à nous de transformer en réalités, dominent, on l'avouera — et d'une singulière hauteur! — la question restreinte des oasis du Touat.

Assurément, nous avons au Touat une question éminemment intéressante, urgente à résoudre. Mais on chercherait en vain, — à coup de livres et de notes, alternativement confidentiels ou publics, et sous l'effet optique de cartes habilement coloriées, mais intentionnellement tronquées, — à enfler démesurément sa portée.

*Autant que quiconque*, je suis partisan sincère du prolongement de la ligne de pénétration du Sud oranais jusqu'au Touat. Je dis seulement et je maintiens: la question du Touat n'a rien, *absolument rien*, à faire avec celle du Transsaharien, du Soudan central.

La première est une question de notre Sud algérien; la seconde est une question soudanienne. Ce sont deux questions entièrement distinctes, indépendantes, et l'on ne réussira pas à les mêler.

***

Concluons donc — et définitivement — sur les tracés.

Je crois conclure impartialement, en proposant, comme terrain de conciliation, la formule suivante, qui est double, et qui donne satisfaction, d'une part, à Alger et Constantine (1), d'autre part, à Oran (2):

---

(1) Chapitre VI, page 42.
(2) Chapitre IV, page 27.

*1° Central-Transsaharien par l'Igharghar, reliant directement l'Algérie aux régions du lac Tchad;*

*2° Ligne de pénétration occidentale jusqu'au Touat.*

Je souhaite que l'union se fasse sur cette formule, que les trop rares croyants dans l'avenir de l'Afrique française cessent enfin de s'entre-déchirer, que l'ère des discussions soit déclarée close et que la période d'action commence bientôt.

Il n'y a plus une année à perdre, en effet, si nous voulons regagner notre avance perdue dans la course à la pénétration africaine! — si le bon génie de la France veut que, par elle, s'accomplisse cette œuvre de grande civilisation, qui s'appellera le Transsaharien!

*
* *

Quoi qu'il en advienne, je remercie tous ceux qui veulent bien m'envoyer le témoignage de leur sympathie et m'aider de leurs conseils, dans la tâche que j'ai entreprise.

Ces encouragements me sont précieux.

Parmi les premiers que j'ai reçus, je rappellerai ceux que Son Éminence le cardinal Lavigerie me faisait l'insigne honneur de m'adresser, il y a un an, et que j'ai tenu à reproduire ici (1).

Parmi tant d'autres, plus récents, je suis heureux de pouvoir placer en tête de ce recueil les lettres que je recevais, ces jours-ci mêmes, de quatre africanistes autorisés.

Merci au colonel de Polignac, négociateur du traité de 1862 avec les Touareg de l'Est, dont on va lire une page admirable — qui restera — sur l'histoire de la politique française en Afrique, depuis les croisades jusqu'à nos jours : — histoire dont le Central-Transsaharien, par Ouargla sur Agadès, serait le couronnement victorieux.

---

(1) Chapitre I, page 6.

Merci au capitaine Binger, notre grand explorateur au Soudan occidental, dont le cœur est aussi généreux que le nom est déjà illustre, et dont beaucoup m'envieront l'adhésion si cordiale.

Merci à Édouard Blanc, mon savant contradicteur d'hier à la Société de Géographie, — à peine de retour du Transcaspien, qu'il vient d'étudier en vue du futur Transsaharien, — demain, je l'espère, un de mes principaux collaborateurs sur le terrain pratique de la pénétration française vers les régions du lac Tchad, notre objectif commun.

Merci au capitaine Brosselard-Faidherbe, qui, malgré ses beaux travaux sur la côte occidentale d'Afrique, n'a pas oublié qu'il faisait partie de la première mission Flatters, et qui vient, comme témoin oculaire, m'aider à rétablir la vérité géographique, — systématiquement altérée par nos adversaires, — sur le chemin naturel et direct de pénétration de l'Algérie vers le Soudan central.

*Juin 1891.*

GEORGES ROLLAND.

# LETTRES

ADRESSÉES A M. GEORGES ROLLAND

PAR

**MM. LE COLONEL DE POLIGNAC,**
**LE CAPITAINE BINGER,**
**ÉDOUARD BLANC,**
**LE CAPITAINE BROSSELARD-FAIDHERBE.**

# LETTRE DE M. LE COLONEL DE POLIGNAC

*Bouzaréa, 24 juin 1891.*

Monsieur,

La question que vous avez si magistralement traitée dans votre belle brochure de l'an dernier et que vous personnifiez aujourd'hui, porte en elle le salut et la grandeur de la France.

Dans les quelques pages que je vous adresse, je traite également de notre politique africaine, qui nous commande d'aller à Aghadès et de prononcer de suite notre protectorat sur les Touareg Azgueurs et Kel-Ouïs (1).

Veuillez agréer, Monsieur, avec mes salutations, l'assurance de toute ma considération.

Colonel de Polignac.

## La politique française en Afrique.

L'homme a une vie intérieure, réglée par des organes qui forment sa constitution; une vie extérieure, où il lutte avec les forces qui l'entourent.

De même une nation : elle a, pour organes intérieurs, des lois constitutionnelles, une administration, des troupes; pour forces qui l'entourent, des nations rivales, qu'elle doit bien connaître, afin de régler sa politique avec elles.

Malheur au peuple atteint d'idéologie, qui veut que tout se

(1) Synonyme de Kel-Aïr.

passe dans les têtes étrangères comme dans son cerveau, ou chez qui les difficultés intérieures paralysent l'observation des choses du dehors. Ainsi le fou veut anéantir les forces de la nature, ou le malade ne peut les supporter.

Nous allons appliquer ces réflexions à notre situation africaine. Aujourd'hui, toute notre vie politique extérieure est là.

Nous voulons écrire quelques pages. Il faudrait un volume. Nous sommes contraint de mentionner seulement, en ordre chronologique, les origines de la question.

D'abord, les croisades. Après huit siècles, elles donnent encore la prépondérance à nous, race franque, dans le bassin oriental de la Méditerranée. Leur souffle politique et patriotique continue à animer nos missions, qui constituent là une vraie représentation française, comme les Lazaristes et les Pères blancs dans le centre de l'Afrique (Bagamoyo, Kilimandjaro, Ukéréoué, etc.).

Puis, en particulier, les expéditions de saint Louis : 1° en Égypte, qui alors, comme aujourd'hui, avait tout le transit des marchandises entre l'Europe centrale et occidentale et les côtes de l'Asie (ce transit se fit par le cap de Bonne-Espérance depuis Vasco di Gama jusqu'à l'ouverture du canal de Suez); 2° à Tunis, devant les ruines de Carthage. Tout cela est bien vivant encore dans ces deux pays musulmans.

Puis, l'alliance de François I^er avec Soliman II, caractérisée par la coopération de la flotte turque sous le commandement de Barberousse, souverain d'Alger; acte politique dont l'historien Michelet proclame l'importance dans tout un chapitre intitulé : « Soliman sauve l'Europe ».

Puis vient le premier anneau moderne de cette chaîne d'événements, désormais ininterrompue, dont le dernier chaînon pèse aujourd'hui à nos mains hésitantes.

C'est la campagne d'Égypte en 1798. Bonaparte avait écrit d'Italie à Bourienne, pendant la merveilleuse campagne de 1796-97 : « J'ai hâte d'en finir ici. C'est en Égypte qu'il faut frapper l'Angleterre. » Le 12 juin 1798, il prend Malte, cette île avant-garde de la terre d'Afrique, où l'arabe est encore la langue du peuple. Le 1^er juillet, il débarque devant Alexandrie; il lance une proclamation profondément politique, qui se résume dans cette phrase : « Les Français sont les vrais musulmans! » Il fait monter ses fantassins sur des dromadaires et s'écrie : « Le désert est à nous! » Il écrit au roi du Bornou pour lui offrir notre alliance commerciale (rapport de la Mission scientifique) : ainsi le Soudan central est sous notre main. Puis, il marche sur la Syrie : la Méditerranée commence à devenir un lac français. Il va atteindre les Anglais dans les Indes.

Mais la Grande-Bretagne porte deux coups justes. A Aboukir, elle nous enlève la Méditerranée ; à Saint-Jean-d'Acre, elle nous coupe la route des Indes. Bonaparte rentre en France ; Kléber est assassiné ; Menou capitule. Les Anglais prennent Malte. Bonaparte, vainqueur en Europe, dicte la paix d'Amiens. L'Angleterre se soumet à tout, excepté à l'évacuation de Malte. Bonaparte répond : « Je ne puis laisser Malte aux Anglais ; j'aime mieux les voir sur les buttes Montmartre. » Et ils y parurent, et Napoléon alla demander asile sur le *Bellerophon*. Son rôle immense était fini. Il avait donné aux rois d'Europe des leçons terribles sur la manière de gouverner et de défendre leurs peuples ; ils en ont profité. Il avait légué aussi à son pays une politique africaine, comme François I^er^, comme saint Louis, comme les croisades : la Méditerranée un lac français, le Soudan central ouvert à notre commerce, et, par l'Égypte, la route des Indes. En profiterons-nous? C'est précisément la question actuelle.

A la chute de Napoléon, on n'y songeait même pas. La France était épuisée, endettée, amoindrie; qui pensait à ce mirage?

Mais le mirage allait reparaître plus brillant et devenir une réalité.

En 1829, nous avions l'alliance russe ; notre ambassadeur de Londres fut appelé au dernier ministère de Charles X. Cet ambassadeur savait combien la Grande-Bretagne redoutait de nous voir à Alger, et il fit de cette conquête la condition de son entrée au ministère. De plus, la Russie nous garantissait l'annexion de la Belgique, alors province hollandaise ; aujourd'hui, royaume indépendant. Alger et Anvers. C'était bien la lutte contre la suprématie anglaise.

L'expédition d'Alger fut préparée ; mais la Grande-Bretagne

sut influencer chez nous l'opposition à cette entreprise; elle devint impopulaire. On annonça qu'une flotte anglaise croisait dans la Méditerranée; c'était dangereux : on avait préparé un débarquement, non une bataille navale. Contre-ordre fut envoyé à Toulon; mais l'ancien ambassadeur se rendit chez le roi et réclama l'exécution de sa promesse: « Il n'y a pas de flotte anglaise dans la Méditerranée; d'ailleurs elle n'oserait nous attaquer : la Russie nous soutient ». L'ordre d'appareiller fut envoyé par le télégraphe aérien. Alger fut pris le 14 juin, anniversaire de la mort de Kléber au Caire.

La proclamation du général en chef français vaut celle de Bonaparte en Égypte : « Nous respecterons vos biens, vos femmes, votre religion. Tout cela vous est garanti sur l'honneur militaire ».

Six semaines après, la monarchie tombe. Le gouvernement de Juillet veut se faire reconnaître à l'étranger. L'Angleterre observe que l'occupation d'Alger détruit l'équilibre européen dans le bassin de la Méditerranée, et demande l'évacuation. Louis-Philippe garde Alger, mais renonce à Anvers et à la Belgique qui, suivant le mouvement convenu, avait chassé les Hollandais et s'était donnée à nous. Mais la Russie ne veut plus soutenir une puissance révolutionnaire, amie de la Pologne.

La conquête s'étend; le désert revoit nos soldats. Les exploits de notre drapeau retentissent jusqu'en Égypte, à travers la Tunisie et la Tripolitaine, alors deux agaliks indépendants. L'Egypte se souvient de la France; elle nous demande des officiers pour former ses troupes. Le ciel lui envoie deux grands hommes, Méhémed-Ali et Ibrahim-Pacha. Ce dernier marche avec le général d'Hautepoul contre l'armée turque à Nésile, où le commandant de Moltke, futur feld-maréchal, commandait la landwehr turque formée par lui. Il raconte la bataille dans le compte rendu de sa mission, volume très intéressant à lire. Il dit en résumé ceci : « Ibrahim Pacha, voyant son armée mourant de faim, résolut d'attaquer nos positions. Il fit un détour sur notre flanc, où était ma landwehr; dès la pointe du jour, il s'avança à l'improviste et nous lança des obus jusque dans le camp; mes Turcs se prosternèrent, invoquant Allah, puis se débandèrent et s'enfuirent.

Je traversai, à cheval, en trois jours, l'Asie Mineure pour atteindre Smyrne et m'embarquer. La flotte turque venait de se donner à Ibrahim. Je pris un kayk et j'arrivai à Constantinople; je me rendis chez le sultan Mahmoud : il était mort. Je regagnai Berlin ». Voilà le récit de M. de Moltke.

Histoire étrange et c'est notre histoire! En un instant, 1798 est rétablie et amplifiée. L'Égypte à notre disposition et Saint-Jean-d'Acre aussi, l'ancienne pierre d'achoppement, avec toute la Syrie et Smyrne et le Bosphore et Constantinople; et la route de l'Inde, et celle du Soudan, et la Méditerranée lac français, ou sous le protectorat français, depuis le Maroc jusqu'à la Corne-d'Or.

Mais il manquait l'alliance russe : le mirage allait encore disparaître sous la main de l'Angleterre.

Elle proposa un congrès européen pour conférer sur la situation de la Turquie. L'Europe accepta et le Congrès se réunit à Londres. Là, lord Palmerston représenta aux autres puissances que la France était un pouvoir révolutionnaire auquel l'aveugle destin donnait tout à coup une prépondérance écrasante ; Méhémed-Ali, Ibrahim-Pacha son héritier, étaient français; leurs soldats étaient créés par la France. Les armes leur donnaient la Turquie d'Asie, celle d'Europe et les îles de la Méditerranée, Chypre, la Crète. Malte ne valait plus rien : les guerres de la République et de l'Empire allaient renaître, et peut-être l'Europe succomberait-elle cette fois.

Effrayés et d'accord, les plénipotentiaires signèrent un protocole en vertu duquel Méhémed-Ali serait mis hors de la Syrie par les forces coalisées, et l'Empire turc rétabli.

Notre plénipotentiaire (l'ambassadeur M. Guizot) ne fut pas appelé. Palmerston l'invita seulement le lendemain à prendre connaissance de l'acte. Il se récria; Palmerston lui dit : « Vous avez droit à la guerre ou à des compensations. » Nous choisîmes pour compensations les fortifications de Paris et les cendres de Sainte-Hélène. On creusa la fosse des Invalides et le fossé de l'enceinte continue. Un diplomate de cette époque dit : « Ce sont des fossoyeurs ». Et pendant que le canon des Invalides saluait cette cendre, le canon britannique détruisait une seconde fois ce royaume franco-égyptien que cette cendre avait fondé quand elle était animée.

L'Angleterre eut même l'audace de demander une compensation pour la Turquie. Elle lui donna la Tripolitaine, qu'elle plaça comme un verrou, entre le Nil et l'Algérie, pour empêcher tout retour à nos velléités égyptiennes.

Mais c'était trop d'ironie pour cette cendre froide : une étincelle en jaillit qui enflamma le cœur de son héritier. Le souffle le plus éloquent de la France attisa cette flamme (Berryer au procès de Boulogne), et tout fut emporté : ministère, constitution, dynastie. Notre politique africaine, liée à toutes nos gloires, ne pouvait périr.

Et nos soldats d'Afrique, Français et Musulmans, rentrèrent dans Constantinople avec le costume turc pour fraterniser avec les troupes ottomanes, ravies de revoir cette tenue que la civilisation européenne ne leur permettait plus de porter.

Quelle année que 1856 ! elle est bien sœur de 1798, 1830, 1840. L'Égypte est redevenue notre alliée. Le grand Si-Hamza, khalif des Oulad-Sidi-Cheikh, un génie, comme Méhémed-Ali et Ibrahim-Pacha, nous avait apporté, avec son vasselage, la suprématie sur le Touat et le désert maure jusqu'à Tombouctou : en 1855, il venait de conquérir Ouargla pour la France, et nous amenait à Alger, qui n'en avait jamais vu, le chef Touareg le plus influent des Confédérations du nord : ces deux présents nous ouvraient la route du Bornou, du Tchad et de Bilma. A ce moment même, le plus grand des explorateurs, le docteur Barth, revenait du Soudan central après cinq immortelles années d'explorations et d'études politiques, historiques, commerciales, apportant le couronnement des immenses efforts et sacrifices de l'Angleterre sur la ligne de pénétration Tripoli-Bornou, depuis 1817. Ce couronnement était un récit incomparable, qu'on doit appeler proprement : le guide de la France au Soudan central. Tout le travail de l'Angleterre depuis quarante ans aboutissait à éclairer la route pour la grandeur française. Dès 1857, l'Angleterre changea de base et partit de Zanzibar pour découvrir les Grands Lacs.

Mais l'alliance russe manquait. Par suite, en vain remontant plus haut que saint Louis et les croisades, nous ouvrions, quelques années après, à la puissante navigation à vapeur l'ancien canal des Pharaons, faisant de l'Afrique une île et poussant les rives du lac français jusqu'à Obock. En vain, profitant des leçons de Barth, nous avions signé à Ghadamès, le 26 novembre 1862, avec le plus puissant des Touareg, un génie, aussi tout dévoué à la France dont il comprenait le grand côté, Si-el-Hadj-Ikhenoukhen, un traité, le premier, le seul qu'ils aient signé avec une puissance européenne, traité qui nous assurait la ligne commerciale Ouargla, Ghat, Tintellust, Aghadès, Bornou : soit le Soudan central. La politique nous faisait défaut partout dans la question africaine, méditerranéenne, orientale : car c'est toute la même.

La Russie fut traitée en ennemie par le réveil de la mortelle question polonaise; l'Angleterre en alliée et guide dans le Soudan central; le traité de Ghadamès comme un mirage; le grand Si-Hamza en traître, qu'on fit comparaître presque les fers aux mains à Alger, où il mourut de saisissement : on tenta une expédition armée sur Timimoun, grande porte du Touat (1).

Alors tout s'écroula. Le Touat voulut se mettre sous le protectorat marocain. Les Oulad-Sidi-Cheikh révoltés nous isolèrent des Touareg Hoggar et de la ligne de Tombouctou : brûlés, pourchassés, ils devinrent irréconciliables, ils firent massacrer la mission Flatters. L'Angleterre fit admettre par subterfuge une garnison turque à Ghat, acceptée par les Touareg pour maintenir l'ordre sur ce marché ouvert à tous, mais présentée aux puissances européennes comme une prise de possession (alors que les Turcs ne s'en soucient pas, puisqu'à Ghat, comme à Ghadamès, ils laissent leurs garnisons se réduire jusqu'à extinction).

Puis vint 1890; le traité de Zanzibar passé entre l'Allemagne et l'Angleterre, en effaçant notre signature : c'était le pendant du protocole de 1840. Puis le Soudan central abandonné à une Compagnie anglaise et le Niger aussi.

Résumons en un mot tout ce passé jusqu'à l'heure présente.

---

(1) Gerhard Rholfs : *Reise durch Marokko.* (Bremen, 1869, p. 149 et 150.)

C'est la lutte de l'Angleterre contre notre influence en Afrique.

Cette puissance profondément politique a dû se sentir formidablement appuyée; car elle a fait un immense mouvement en avant sur toute la ligne. Elle a défait d'autorité les traités qui la gênaient, offrant comme en 1840, au choix, des cas de guerre ou des compensations; alors des cendres, cette fois des sables.

Mais de ce sable faisons sortir l'étincelle qui éclairera notre route! Or, la bonne route est facile à reconnaître; c'est celle que les Anglais veulent nous empêcher de prendre. C'est donc la route du Soudan central. La voie de Tombouctou, ils nous la laissent toujours bien ouverte; car ils savent qu'elle ne mène à rien. Mais celle du Bornou, ils nous la ferment tous les jours davantage.

Marchons donc toujours dans ce sens. Tous les obstacles qu'ils nous dresseront en route, seront des poteaux indicateurs.

Nous ne condamnons pas un effort militaire vers Insalah, nous ne pouvons d'ailleurs traiter ici la question, ni aucune de l'heure présente. C'est une étude à part. Nous dirons seulement : si vous tirez l'épée, soyez prudents, et surtout informez-vous bien; vous verrez que la question du Touat se borne à notre Sahara algérien.

Tout dans le passé, comme aujourd'hui, nous montre que la question du Soudan est inséparablement liée à la ligne d'Aghadès et du Bornou.

Aghadès se trouve à égale distance d'Alger, du fort Médine, du nord de notre Congo et de la troisième cataracte du Nil.

Barth, qui y a passé plusieurs mois, déclare cette capitale des Kel-Ouis la meilleure des stations pour un résident européen. Elle nous est ouverte par notre traité de Ghadamès. La politique nous y appelle, la politique doit nous y conduire.

Qu'il nous suffise pour l'instant d'avoir démontré, par la politique du passé, que notre existence même est inséparablement unie à la question du Soudan central.

Colonel DE POLIGNAC.

# LETTRE DE M. LE CAPITAINE BINGER

*Paris, 23 juin 1891.*

MON CHER AMI,

Je viens de lire avec le plus vif intérêt le recueil de vos articles sur le Transsaharien.

Bien sincèrement, je vous félicite des efforts que vous avez déjà faits jusqu'à présent, et que vous continuez.

La pénétration s'impose au triple point de vue humanitaire, politique et économique; aussi je n'ai rien à ajouter à tout ce que vous exposez si clairement. Il nous faut pénétrer pour exercer l'influence bienfaisante de la civilisation, faire cesser les guerres qui désolent le Soudan et qui sont le grand générateur de l'esclavage.

En un mot, la pénétration seule permettra aux indigènes d'écouler leurs produits, de se créer un budget et de vivre sans brigandages.

Il nous faut amener l'indigène sur le terrain des intérêts communs par le commerce.

Pour mon compte, je suis intimement convaincu que l'établissement de chaque factorerie, de chaque ligne fluviale, de chaque tronçon de voie ferrée, portera un coup funeste à la traite, en même temps qu'il favorisera singulièrement notre situation économique.

Je suis donc de cœur avec vous. Croyez bien que je serai de ceux qui applaudiront le plus chaleureusement au succès de votre œuvre. Car, comme vous, et peut-être avant vous, j'ai toujours cru dans l'avenir de notre empire colonial d'Afrique, à la condition que sa colonisation repose sur l'initiative privée, sur les Compagnies coloniales et sur les voies de pénétration qu'elles créeront.

Votre bien affectueux et dévoué,

G. BINGER.

# LETTRE DE M. ÉDOUARD BLANC

27 *juin 1891.*

MON CHER COLLÈGUE,

Depuis un an, c'est-à-dire depuis le printemps de 1890, époque où nous avons pour la dernière fois mis en parallèle nos idées respectives à propos du chemin de fer transsaharien, cette question paraît être entrée dans une phase nouvelle ; elle en a même traversé plusieurs. Après une première période de discussion, au cours de laquelle nous avons fait tous deux nos efforts, pendant ces dernières années, simultanément avec d'autres spécialistes, pour élucider et comparer les données du problème, la grande entreprise nationale dont il s'agit a semblé sur le point d'entrer dans une nouvelle phase, celle de l'exécution par l'initiative de l'État. Aujourd'hui, elle paraît à la veille d'être enfin réalisée par une autre voie, celle de l'initiative privée.

La tâche est difficile, elle est grande, et les obstacles à vaincre seront considérables, mais je ne les crois pas insurmontables. Pourtant, nous ne devons pas nous dissimuler que, pour arriver à ce but, il n'y aura pas trop des efforts de tous, et qu'il faudra faire appel à toute l'énergie, à toute la persévérance et à toute l'épargne dont pourront disposer ceux qui se sont donné pour objectif l'extension de l'influence française et du commerce français en Afrique.

Vous savez sur quels points a porté notre controverse. Après deux exposés généraux de la question transsaharienne, dans lesquels, chacun de notre côté, avec quelques divergences dans les procédés proposés, mais avec une même idée principale, nous avons remis à l'ordre du jour le problème du Transsaharien, abandonné depuis la mission Flatters (1), nous avons dans diverses circonstances, et notamment à la Société de Géographie, abordé successivement la discussion des différents points de détail. Sur ces points nous n'avons pas toujours été d'accord, du moins en apparence, c'est-à-dire que nous avons cherché à mettre en lumière les diverses solutions possibles du problème, chacun de nous s'attachant à développer celle qui lui semblait préférable, ainsi que les parties qu'il avait plus particulièrement étudiées. Pendant les années 1889 et 1890, nous avons discuté la question de savoir quel pouvait être, au point de vue exclusif de la géographie physique, le meilleur tracé à adopter (2).

Comme je l'ai dit (3), ce n'était pas à nous, dans les séances de la Société de Géographie ou dans les réunions purement scientifiques, qu'il appartenait de trancher les questions géographiques au point de vue gouvernemental et diplomatique. Mais c'était à nous qu'il appartenait de les discuter et de les élucider le plus complètement possible au point de vue technique, du moins en tant qu'avant-projets, en laissant aux corps politiques le soin d'éliminer ou d'adopter telle ou telle solution, selon que telle ou telle difficulté internationale leur paraîtrait ou non insurmontable.

Nous étions d'accord tous deux pour trouver que le bassin du haut Niger et du Niger moyen n'était pas la région qu'il convenait de choisir comme terminus du chemin de fer transsaharien : cette contrée était, d'une part, atteinte et mise en relation avec l'Europe par nos possessions du Sénégal, et, d'autre part, elle n'était pas aussi riche qu'on le supposait autrefois, alors qu'on en était réduit à de simples conjectures sur la fertilité de ce pays, et alors que le nom de Timbouctou nous représentait, comme dans un mirage, la capitale hypothétique d'une grande civilisation. Nous étions d'accord pour regarder le lac Tchad comme le centre de la région qu'il s'agis-

(1) E. Blanc. — Conférence faite à la Société de Géographie de Paris le 10 mai 1889. — G. Rolland. — Conférence faite à la Société de Géographie de Paris le 7 mars 1890.

(2) *Comptes rendus des séances de la Société de Géographie:* G. Rolland. (Séances des 21 mai 1890 et 6 juin 1890). — Edouard Blanc. (Séances des 21 mars 1890, 11 avril 1890, 20 juin 1890). — A. Fock. (Séance du 23 mai 1890.)

(3) Cf. *Comptes rendus de la Société de Géographie de Paris*, 21 mars 1890.

sait d'atteindre, comme le centre de la partie productive du futur domaine colonial de la France en Afrique. Ces pays riverains du lac Tchad, à savoir le Bornou, le Baghirmi, le Kanem, nous les avons considérés, en outre, comme la position essentielle à occuper pour réunir en une seule masse notre empire colonial africain, pour joindre le Congo à l'Algérie d'une part, au Niger et au Sénégal d'autre part. Ce programme légitime, préparé par les efforts de nos explorateurs et de nos soldats, a été exposé par vous avec une grande netteté dans votre conférence du 7 mars 1890, ainsi que dans l'ouvrage que vous avez écrit en collaboration avec M. le général Philebert. Les combinaisons politiques survenues depuis lors ne l'ont pas réalisé complètement comme on pouvait l'espérer; mais du moins elles n'en ont pas rendu impossible la réalisation future, et, si elles ont fait la part trop belle aux intérêts étrangers implantés en parasites sur nos traces, elles ont du moins très notablement étendu la zone d'influence que les autres puissances européennes nous reconnaissent dans le nord-ouest de l'Afrique.

Ce point, à savoir l'importance prédominante de la région du lac Tchad dans la question du Transsaharien, étant acquis, il restait à déterminer quel était le meilleur itinéraire à adopter pour aller de l'Afrique à cette région, c'est-à-dire au Soudan central. La ligne de Biskra, Touggourt, Ouargla, Amguid, Bir-Assiou, c'est-à-dire la ligne résultant des reconnaissances faites par les deux missions Flatters, était, à votre avis, le meilleur tracé. La route partant du Sud-Tunisien et passant par Rhadamès et Rhat me semblait préférable, pour des raisons sur lesquelles je ne reviendrai pas, car je les ai suffisamment fait valoir. Cette ligne était, à mon sens, plus courte ; elle rencontrait moins d'obstacles naturels et surtout moins de sables que les autres tracés ; le climat des points traversés était, à latitude égale, plus tempéré; enfin elle se rapprochait davantage de la grande route des caravanes qui de Tripoli accaparent aujourd'hui le commerce du lac Tchad, route qui, dans un avenir très prochain, peut devenir internationale, si nous ne prenons pas les devants.

Tel est encore mon avis. Mais cette préférence, toute relative d'ailleurs, et qui ne m'empêchait pas de reconnaître la possibilité et les avantages spéciaux des deux tracés par Ouargla et par le Touat, était subordonnée à une condition essentielle : l'élimination des obstacles politiques. Il me semblait qu'à cette époque il y avait lieu de faire momentanément abstraction de cet élément du problème dont la discussion n'était pas à sa place dans cette période du débat. Ces obstacles politiques ne me paraissaient pas insurmontables, et je crois que notre diplomatie aurait pu en avoir raison. D'autre part, comme je l'ai dit aussi (1), lorsqu'il s'agit d'une œuvre aussi vaste, aussi importante et présentant un intérêt aussi international que le chemin de fer transsaharien, les considérations politiques résultant des sinuosités de frontière, surtout à travers des déserts, sont, sinon négligeables, du moins de second ordre en comparaison des considérations résultant des grands traits de la géographie physique. Il était logique, à mon avis, de ne tenir compte que de ces dernières dans l'étude générale du tracé, sauf à éliminer ensuite les solutions que des motifs politiques rendraient irréalisables.

Aujourd'hui, il ne semble pas que le gouvernement français soit disposé à tenter de supprimer les obstacles dont il s'agit. Au contraire, la question a, depuis six mois, subi un recul, et c'est à peine si on peut espérer voir notre diplomatie se décider à seconder les efforts de ceux qui vont tenter de marcher en avant par la route la plus libre d'obstacles politiques.

D'autre part, le temps presse : des influences étrangères, anglaises ou allemandes, énergiquement soutenues par leurs gouvernements respectifs, peuvent prendre les devants, soit par le Maroc, soit surtout par la Tripolitaine, et nous supplanter sur la route qui va de la Méditerranée au Soudan, comme elles l'ont déjà fait sur la grande route fluviale du bas Niger. Dans ces conditions, il y a lieu pour nous tous qui avons à cœur l'expansion coloniale de la France en Afrique, et sa prépondérance future sur le continent noir, d'unir tous nos efforts dans une même direction, nous ralliant à cette formule qui a été prononcée par vous au cours de nos discus-

(1) Société de Géographie de Paris. — Séance du 21 mars 1890.

sions, il y a plus d'un an, et qui convient parfaitement à la situation actuelle, comme elle convenait déjà à la situation d'alors :

« Le meilleur Transsaharien est celui qui se fera. »

J'ai considéré, depuis 1885, comme un devoir de notre part, à nous spécialistes au courant des questions sahariennes, de signaler à l'attention des pouvoirs publics les points peu connus de cette région, et dont la possession ou la prise en considération pouvaient, à un moment donné, avoir de grandes conséquences. Il eût été très regrettable de faire là ce qui a été fait bien souvent, de négliger, au cours de négociations internationales, certains points de première importance, faute d'en connaître sinon les noms, du moins le rôle possible et la situation. C'est pourquoi j'ai insisté, par exemple, sur l'importance de Rhadamès et de Rhat, sur les questions de pénétration par le Sud-Tunisien, et sur divers sujets analogues. Je l'ai fait au risque de heurter d'autres idées ou d'autres projets, dont je ne méconnais en aucune façon la valeur ni la portée Mais j'ai éclairé le côté de la question sur lequel je possédais le plus de données utiles, et que d'autres n'auraient pas mis en lumière faute d'une connaissance suffisante du pays, si je ne m'en étais chargé.

Aujourd'hui, il me semble, et il me l'a semblé dès l'année dernière, que nous nous sommes suffisamment acquittés de cette partie de notre tâche, et que la première phase, la phase géographique des débats, a duré assez longtemps pour que les divers pouvoirs publics soient en mesure de statuer en connaissance de cause.

D'ailleurs, comme je l'ai déclaré l'année dernière en votre présence à la Société de Géographie de Paris (1), nos discussions avaient pour but d'éclairer d'un jour aussi complet que possible l'examen préalable d'une question qui semblait valoir la peine d'être étudiée avec tout le soin et toute la maturité possibles ; mais, avant tout, elles ne devaient pas aller jusqu'à l'obstruction ni jusqu'à la neutralisation de nos efforts réciproques.

(1) *Comptes rendus des Séances de la Société de Géographie de Paris*, séances des 21 mars et 11 avril 1890.

Ce but de mise en lumière et de comparaison des avant-projets des différents tracés m'a semblé suffisamment atteint, dès le mois de mai 1890, par les débats très complets auxquels avait donné lieu la question, tant entre nous qu'entre vous et divers autres spécialistes, aussi bien à la Société de Géographie de Paris que dans les divers comités, congrès ou recueils de publications qui se sont occupés très activement, dans ces dernières années, de la pénétration transsaharienne.

C'est dans ces conditions que, comme vous le savez, trouvant la question du tracé et même la question du système de voie suffisamment discutées au point de vue de la géographie physique, je suis parti, au commencement de l'été dernier, pour l'Asie centrale, d'où je suis revenu tout dernièrement. Mon but était d'étudier le chemin de fer transcaspien, dont on avait tant parlé, et qui, jusqu'à ce jour, est le seul exemple existant d'une grande ligne de chemin de fer construite dans des conditions plus ou moins analogues à celles où se trouvera le Transsaharien. J'ai entrepris ce voyage et cette étude à mes frais, avec l'approbation et l'appui moral du gouvernement français, à défaut de son appui matériel, que les circonstances budgétaires ne permettaient pas, paraît-il, de m'accorder.

Je voulais étudier le Transcaspien tant au point de vue technique de sa construction qu'au point de vue économique de son trafic.

Mon voyage en Asie avait encore un autre but : celui d'étudier, au point de vue de la physique générale, le régime des sables dans les déserts de l'Asie centrale, c'est-à-dire la formation, la marche, la fixation des sables mouvants, leurs relations géologiques et météorologiques. Je voulais continuer, en un mot, en Asie, l'étude des dunes, que j'ai pendant douze ans poursuivie en Europe et en Afrique, étude intimement liée aux futurs travaux du Transsaharien : car les dunes constitueront le principal obstacle physique que rencontrera la construction de ce chemin de fer.

Pour réaliser d'une façon complète cette seconde partie de mon programme, je devais non seulement visiter les déserts du Turkestan russe, mais passer de l'autre côté du massif montagneux du Pamir, afin d'aller examiner, sur le versant oriental du Tian-Chan, la formation primitive des poussières qui fournissent ses matériaux constitutifs au lœss de la Chine. C'est ce que je me proposais de faire, et c'est ce que j'ai fait effectivement. Je viens seulement de terminer cette tâche.

Mon but, en partant, était d'aller faire les études dont il s'agit, pour en mettre les résultats scientifiques au service non de l'un des projets transsahariens en particulier, mais de tout le parti français qui se propose pour objectif la réalisation de cette grande œuvre nationale, quels que fussent le tracé et le système préférés en dernier lieu.

Les buts que je me proposais, je les ai atteints; le programme qui vient d'être indiqué, je l'ai rempli, et les résultats obtenus ont même dépassé mon attente : les études que j'ai pu faire ont embrassé des sujets plus variés et les ont approfondis plus complètement que je ne l'espérais à l'avance.

Pendant mon absence, c'est-à-dire depuis un an, la question du Transsaharien a fait moins de progrès qu'on n'avait le droit de s'y attendre: les préparatifs d'exécution ont même subi un arrêt complet : l'initiative de l'Etat, sur laquelle on croyait pouvoir compter avec une grande probabilité, paraît maintenant devoir faire défaut, et l'initiative privée semble appelée à la remplacer seule. Ce fait est très regrettable : il ne faut pas se dissimuler que la difficulté de la tâche, déjà si ardue par elle-même, s'en trouve fort augmentée. Mais, dans ces circonstances, je suis heureux de pouvoir vous déclarer que je rapporte de mon voyage en Asie une confiance dans la possibilité de succès final du Transsaharien, même avec le seul appui de l'initiative privée, que je n'avais pas lors de mon départ. Je suis prêt à justifier, quand on le voudra, cette opinion par des chiffres et par des faits dûment contrôlés.

Du voyage que je viens de faire et de cette étude du Transcaspien et du Turkestan, j'ai rapporté un grand nombre de documents, de données et d'observations, trop nombreux, trop divers et trop volumineux pour qu'il me soit possible de les exposer ici ou même de les résumer. J'en ai rapporté aussi des convictions motivées, sur divers points qui intéressent directement le Transsaharien. Je dirai seulement que, parmi les idées que j'ai acquises par mes dernières observations, les unes, et ce sont les plus nombreuses, confirment simplement mes opinions précédemment formulées, et que je vous avais exposées; d'autres les modifient.

Ainsi je reviens plus convaincu que jamais que la voie large, autant que possible, et tout au moins la voie *d'un fort relief*, avec des rails d'un gros calibre, est une condition tout à fait de premier ordre pour la traversée des déserts. Les petits chemins de fer à voies étroites et d'un faible relief, essayés en Transcaspienne à titre accessoire, ont donné les plus mauvais résultats dans la traversée des sables. Des tronçons d'un grand nombre de kilomètres de longueur, établis suivant ces systèmes, ont été, en un seul coup de vent, couverts par le sable au point qu'on ne savait plus où en rechercher l'emplacement, tandis que, dans le voisinage, l'ensablement de la grande voie, sous l'influence des mêmes causes météorologiques, était insignifiant. Je ne puis, sur ce point, que maintenir ce que j'ai eu l'honneur de dire l'année dernière à la Société de Géographie (1) en réponse à M. Fock, dont je reconnais d'ailleurs la compétence, et dont, sur les autres points, je partage les idées.

Si donc le Transsaharien doit partir de Biskra et prolonger la ligne de Philippeville à Biskra, je serais d'avis de lui donner la largeur de voie complète, c'est-à-dire celle de $1^{m},445$, qui est celle de cette ligne. Si, au contraire, on tient à ce qu'il prolonge plutôt d'autre lignes appartenant au réseau étroit du Sud-Algérien, à voie de 1 mètre, qu'on lui donne 1 mètre, mais avec des rails de gros calibre, et alors l'économie réalisée sera bien faible : elle ne portera plus que sur la longueur des traverses et il y a lieu de se demander si elle compensera les autres inconvénients qu'entraîne la voie étroite, surtout en pays plat.

Sur un second ordre de questions, les lois de la formation des dunes, j'ai observé un certain nombre de faits nouveaux dans leurs détails; mais ces observations s'accordent toutes avec les lois que j'admettais précédemment, et elles ne font que

---

(1) *Comptes rendus des séances de la Soc. de Géographie de Paris.* — 11 avril 1890 et 20 juin 1890.

confirmer mes théories qui, vous le savez, sont les vôtres, ou à très peu de chose près. Je signale ces faits d'une manière incidente, car ce n'est pas ici le lieu d'entrer dans l'exposé et la discussion des procédés souvent très complexes que comportent la fixation et la traversée des dunes. Nous en parlerons quand ces questions particulières feront l'objet de discussions spéciales.

Remarquons aussi en passant une chose qui ne se rattache qu'indirectement à la question technique et à la géographie physique, mais qui confirme ce que nous disions tout à l'heure relativement au rôle très secondaire des questions de frontières politiques dans les pays du genre de ceux dont il s'agit. La manière dont les Russes ont poussé le chemin de fer transcaspien à travers les États d'un souverain allié et inféodé en fait, mais non soumis ni mis en tutelle par un protectorat, l'émir de Boukhara, et la façon dont ils ont, pour suivre le meilleur tracé entre la mer Caspienne et Douchak, rectifié sommairement la frontière nominale de la Perse, mériteraient de nous servir de modèle. Malheureusement, il semble y avoir pour le moment peu de chance que nous imitions cet excellent exemple, et il est inutile d'y insister.

Sur quelques autres points, mon opinion préalable a été modifiée par les faits que je viens d'observer, et parmi eux je dois citer en première ligne, je me hâte de vous le dire, la question économique du rendement du futur Transsaharien.

Avant d'aller en Asie, je pensais que le chemin de fer transsaharien ne pouvait être construit que par l'État, agissant à un point de vue purement politique ou stratégique, et faisant abstraction du côté financier de l'opération, lequel ne pouvait, à mon avis, être rémunérateur. Le rendement commercial de la ligne me semblait devoir être, non pas négligeable, mais insuffisant pour couvrir même les frais d'exploitation, surtout pendant les premières années. Quant à l'amortissement du capital de construction, il ne fallait, me semblait-il, pas y songer.

Cette manière de voir a été également celle des constructeurs du chemin de fer transcaspien : cette ligne a été faite dans un but stratégique, aux frais de l'État, par la main-d'œuvre militaire, et le côté commercial, sans être exclus *a priori*, a été relégué au second plan. Cependant, contre toute prévision, il se trouve qu'aujourd'hui le trafic du Transcaspien a pris un développement beaucoup plus rapide qu'on ne s'y attendait : la production de certains objets d'exportation a augmenté d'une façon très considérable, de telle sorte que dès cette année, le trafic du chemin de fer transcaspien suffit à couvrir les frais d'exploitation et même à donner, dit-on, un dividende de 3 0/0 par rapport au capital de construction. Et ce dividende est appelé à augmenter dans de très fortes proportions.

L'élément principal du transit est aujourd'hui le coton. La production de cette matière en Turkestan, il y a quelques années, lors de la construction du chemin de fer transcaspien, était très faible, et son exportation était nulle. En 1889, la quantité de coton exporté était, après nettoyage, c'est-à-dire après l'élimination des grains et de la partie corticale du fruit, de 600,000 pouds (1); en 1890, l'exportation était de 3 millions de pouds, et la récolte de 1890, dont l'exportation s'effectue en ce moment et représentera le transit de 1891, était, au mois de janvier dernier, estimée à 8 millions de pouds.

Cette culture du coton, qui exige peu d'eau et donne un rendement considérable, paraît être, disons-le en passant, l'un des principaux éléments de la solution cherchée pour le trafic futur du Transsaharien. Il ne faut pas se dissimuler, en effet, que la poudre d'or, les dents d'éléphant, et les cuirs d'animaux divers, qui constituent aujourd'hui les principales marchandises exportées du Soudan, ne suffiraient pas et ne suffiront jamais à représenter un tonnage suffisant pour alimenter le trafic annuel d'un chemin de fer. Les esclaves constituent actuellement le principal et même le seul objet d'exportation sérieux de l'Afrique équatoriale; mais, puisque nous n'avons pas l'intention d'encourager ce commerce, il faut l'éliminer du budget des recettes du Transsaharien. Dans ces conditions les matières d'exportation sont à créer, et parmi elles le coton, dont la culture a, dans ces dernières années, transformé le Turkestan, doit venir au premier rang, surtout

(1) Le *poud* vaut 16 kilogrammes, ou 40 livres russes de 400 grammes.

dans les parties à demi-désertiques et temporairement irrigables. Cela ne veut pas dire que le coton doive être le seul produit du Soudan central. Dans d'autres terrains, le riz, les arachides, le caoutchouc, etc., seront également des produits d'exportation très importants. Mais le coton, qui suffit à lui seul, en Asie centrale, à couvrir les frais d'exploitation d'un chemin de fer à voie très large, de 1,400 kilomètres de longueur, et qui a enrichi le Turkestan, peut être appelé à jouer un grand rôle dans le commerce du futur Transsaharien.

Et il faut bien remarquer qu'en Asie la culture de cette plante est restreinte au Fergana, à l'oasis de Tachkent et à quelques points de la banlieue de Samarkande et de Boukhara, c'est-à-dire à une partie de la vallée du Zerafchane. Ces trois contrées réunies ont ensemble une surface bien moindre que celle qui pourrait être livrée à la même culture dans les bassins du Niger et du lac Tchad.

Je ne veux d'ailleurs pas m'étendre d'une façon démesurée sur ce point spécial, mais je tiens les chiffres et les documents statistiques relatifs à cette culture, ainsi qu'aux autres cultures industrielles de l'Asie centrale, à la disposition des spécialistes et des commissions qui pourront avoir à s'occuper de la question du Transsaharien.

Pour continuer la comparaison entre le Transsaharien et le Transcaspien, au point de vue économique, il resterait encore de nombreuses remarques à faire. Par exemple, il y a lieu de tenir compte de ce fait, que la question du combustible et de son prix de revient est, dans l'exploitation, un facteur capital. Le chemin de fer transcaspien, chauffé avec des résidus de naphte, dont le prix à Bakou, est presque nul, à tel point que, l'année dernière encore, beaucoup d'usines les envoyaient à la mer, a certainement une traction beaucoup plus économique que ne pourra l'avoir le Transsaharien. Déjà actuellement en Algérie, à peu de distance de la côte méditerranéenne, l'absence de combustible minéral et la nécessité de faire venir celui-ci du continent européen rendent le chauffage des locomotives beaucoup plus coûteux qu'en Europe. Cette cause de dépense ira nécessairement en s'accentuant de plus en plus et au fur et à mesure que les voies pénétreront plus loin dans l'intérieur du Sahara et s'éloigneront davantage du littoral.

Cependant, malgré cette circonstance, l'excédent de production et d'étendue des pays drainés par le Transsaharien sur ceux que dessert le Transcaspien sera tel que la grande ligne africaine pourra, croyons-nous, supporter la charge résultant de cette infériorité. Peut-être même, à mesure que nous pénétrerons dans l'intérieur de l'Afrique, y découvrirons-nous, comme on l'a fait tout récemment en Asie centrale, des gisements de houille ou d'autres combustibles minéraux qui transformeront les conditions économiques de la traction. Il y a pour cela de grandes probabilités géologiques (1).

Et si, par hasard, il n'en est pas ainsi, il est hors de doute que, dans un avenir peu éloigné, l'utilisation pour la traction, soit de la chaleur solaire, soit de quelque autre force naturelle, fournira une solution économique du problème. Mais si, malgré la probabilité de ces hypothèses, nous refusons, comme il est sage de le faire, d'escompter l'avenir, il est encore certain que, même en s'en tenant aux conditions d'exploitation actuellement assurées, les recettes permettront de faire face aux dépenses.

Cet obstacle ne doit donc pas nous arrêter.

Quant à celui qui résulterait, soit de l'opposition apportée par les indigènes à la construction de la ligne, soit des tentatives qu'ils pourraient faire pour détruire celle-ci une fois installée, il est tout à fait illusoire et négligeable. De même qu'on a vu les Turkomènes, populations guerrières, bien armées, et relativement denses, aussitôt après avoir opposé aux Russes la vigoureuse résistance que l'on sait, fournir au chemin de fer transcaspien ses meilleurs ouvriers, et ne jamais susciter ensuite à l'exploitation de cette ligne la moindre difficulté, de même on verra, si nous le voulons, les Touareg, malgré l'incident Flatters et malgré l'hostilité actuelle de leur attitude, devenir les gardiens et les clients du Transsaharien.

Vous avez parfaitement apprécié l'opposition des Touareg à

---

(1) Je me permettrai de faire à ce sujet mes plus expresses réserves. (Voir mon ouvrage sur la *Géologie du Sahara, de l'Atlantique à la mer Rouge, mission Choisy*, Imprimerie Nationale, 1890.) — G. R.

sa juste valeur (1), dans l'une des lettres que vous avez publiées précédemment : elle disparaîtra, et ces ennemis se transformeront en alliés soumis, dès que nous marcherons résolument en avant avec un point d'appui solide et des forces suffisantes. D'ailleurs, pour prendre des exemples dans ce qui existe déjà, nous voyons qu'en Algérie aussi bien qu'en Tunisie, les voies ferrées aussi bien que les lignes télégraphiques sont respectées ; il en est de même dans toute l'Asie. Beaucoup de lignes télégraphiques surtout sont installées, dans bien des pays musulmans, loin de tout contrôle direct, et il serait très facile à des fanatiques de les couper constamment : ils ne le font jamais.

D'ailleurs il est, comme le savent tous ceux qui ont fréquenté les Musulmans, dans les mœurs des sectateurs de l'Islam, de se soumettre toujours au fait accompli, et aussi, ce qui est une conséquence du même principe, d'accepter de la façon la plus résignée la loi du plus fort, pourvu que la force de celui-ci soit affirmée d'une façon suffisamment péremptoire et évidente. Cette supériorité de la force, nous l'avons surabondamment : il nous suffit donc de vouloir et de ne pas discuter ni transiger, ce qui, aux yeux des Musulmans, est une preuve, non d'équité, mais de faiblesse.

Cette question politique indigène doit être laissée de côté, ou, pour mieux dire, elle n'existe pas : c'est nous qui la créons et qui l'entretenons par notre irrésolution.

D'autre part, la construction du chemin de fer, au point de vue technique, ne présente aucune difficulté physique qui excède les moyens dont nous disposons aujourd'hui. Son utilité politique et nationale est immense. Son rôle sera considérable aussi au point de vue de l'économie internationale, et, même au point de vue de l'entreprise financière privée, le résultat final sera bon, à mon avis, si l'exécution est sagement et rapidement conduite : la construction et l'état actuel du Transcaspien nous le prouvent. Je ne prétends pas que les conditions techniques et matérielles de construction soient identiques pour ces deux grandes lignes ; elles présentent, au contraire, des

(1) G. Rolland : *Réponse à l'explorateur allemand Gerhard Rohlfs*, chap. II, p. 12.

différences très grandes à beaucoup d'égards, et je compte les indiquer dans les délibérations relatives aux points techniques d'exécution. Mais, sous le rapport du trafic, le Transsaharien sera dans des conditions certainement bien meilleures que le Transcaspien.

Quoi qu'il en soit, votre œuvre est d'un intérêt national. Disposez de moi : vous et ceux qui travaillent avec vous pouvez compter sur mon concours le plus absolu, car nous ne servons qu'une cause, la cause du progrès de la France en Afrique. Notre tâche est difficile; mais, en toute conscience, je crois qu'elle peut être menée à bien, non pas sans l'appui moral et politique du gouvernement français, mais, à la rigueur, sans son appui budgétaire, quelque désirable qu'eût été celui-ci.

Je crois au succès final, malgré l'abstention si regrettable du Gouvernement, si tous les efforts privés sont unis. Mais le temps presse. La période de discussion et d'exposé des avant-projets est close. Passons à l'exécution, et faisons pour cela appel à toutes les énergies et à toutes les bonnes volontés de ceux qu'intéressent la grandeur et la puissance coloniales de la France dans l'avenir.

Veuillez agréer, mon cher Collègue, l'assurance de mes sentiments entièrement dévoués.

Édouard Blanc.

---

# LETTRE DU C^NE BROSSELARD-FAIDHERBE

*24 juin 1891.*

Mon cher ingénieur,

Vous me demandez si je puis affirmer avoir vu le gassi de Mokhranza.

Je puis vous répondre sans hésitation.

Quand nous franchissions la chaîne de dunes, élevées de 150 mètres environ, pour descendre dans le défilé d'El-Biodh, nous avons vu, grâce à la lumière particulière au Sahara, le gassi de Mokhranza s'étendant devant nous, semblable à une plaine sans fin plaquée par endroits de petites dunes de sable.

L'importance du gassi comme voie de pénétration n'échappa pas à l'attention du colonel, qui, d'El-Biodh, envoya reconnaître si l'on ne pouvait passer du gassi dans le défilé d'El-Biodh. Il fut reconnu que ce passage était parfaitement ouvert; aussi, au retour, le colonel organisa une petite expédition, composée des deux ingénieurs et du capitaine Bernard, pour franchir d'un bout à l'autre le gassi de Mokhranza.

Ces messieurs, montés sur nos meilleurs méharis et accompagnés d'une escorte également très bien montée, se rendirent rapidement d'El-Biodh à Ouargla, et constatèrent l'existence continue de ce défilé de 100 kilomètres de large, qui ouvre un passage à travers le grand Erg sur une longueur d'un millier de kilomètres environ.

M. l'ingénieur Roche, notre regretté compagnon, déclarait que le sol du gassi, formé de cailloux agglutinés, uni et sans aspérités, constituait un sol de ballast incomparable.

Personnellement, ayant gravi les hautes falaises qui bornaient l'horizon au nord, lorsque nous séjournions à Temassinin, j'ai pu constater de nouveau l'existence du gassi de Mokhranza.

Cette vaste ouverture est évidemment la voie de pénétration du Transsaharien à travers les dunes. Elle est ouverte dans la direction naturelle du lac Tchad, que doit avoir pour objectif le Transsaharien.

Ce serait une erreur, à mon avis, et surtout aujourd'hui, de faire aboutir le Transsaharien vers la boucle du Niger, et avec vous je considère qu'il sera plus logique de drainer les régions du Soudan occidental par le chemin de fer du Haut-Fleuve. J'ajouterai, en ce qui concerne spécialement les régions du Haut-Niger, qu'elles seront desservies plus économiquement par le chemin de fer de la Mellacorée au Niger, dont viens d'étudier le tracé et dont le parcours ne sera, de la côte au Niger, que de 312 kilomètres.

Agréez, mon cher ingénieur, l'hommage de mes sentiments dévoués.

C^ne^ BROSSELARD-FAIDHERBE.

# LETTRES ET ARTICLES

## PUBLIÉS DEPUIS UN AN

PAR

**G. ROLLAND et A. FOCK**

1

# I

## APRÈS LA CONVENTION FRANCO-ANGLAISE.

*Lettre au Directeur du* Temps *(22 août 1890)*.

Sur la proposition de M. de Freycinet, le Conseil des ministres a décidé qu'il présenterait aux Chambres, à leur rentrée prochaine, un projet de loi pour l'exécution du chemin de fer transsaharien.

Comme toute conception nouvelle et hardie, le Transsaharien a eu à subir bien des critiques, des attaques, des ironies avant de triompher. On s'aperçoit enfin que le plus sage eût été d'avoir l'audace de l'entreprendre quand M. Duponchel le proposait, il y a déjà plus de douze ans : nous serions aujourd'hui les maîtres incontestés de tout le Soudan central et occidental ; nous aurions nos Indes noires. Mais cette idée grandiose et féconde avait été ensevelie dans le même linceul que Flatters et ses malheureux compagnons ; elle semblait à jamais oubliée. Le général Philebert et moi pouvons dire que nous l'avons ressuscitée (1).

Le moment est venu pour la France de remplir dans l'Afrique occidentale la mission que lui assignent à la fois ses intérêts propres et les intérêts généraux de la civilisation. Le moment est venu, au lendemain de l'accord franco-anglais, de faire acte d'autorité sur les régions qui ont été reconnues comme rentrant dans notre sphère d'influence et de pénétrer dans l'intérieur africain par la seule voie rationnelle qui s'offre à nous, par l'Algérie.

Je ne discuterai pas ici les résultats du premier partage qui vient

---

(1) Général Philebert et Georges Rolland : *La France en Afrique et le Transsaharien* (Challamel, éditeur, 1890).

d'intervenir entre l'Angleterre et la France. Je dirai seulement qu'il ne faut pas s'exagérer la valeur de ces attributions platoniques de pays lointains, quand, ni les uns ni les autres, nous n'y sommes encore établis. La carte politique de l'Afrique subira sans doute bien des modifications, avant qu'on ait effectivement colonisé cet immense continent.

D'ailleurs, la suzeraineté politique, l'influence nominale importent moins que l'action économique et civilisatrice, moins que l'influence réelle. Ce que nous devons chercher surtout dans l'intérieur africain, ce ne sont pas, à proprement parler, de nouvelles possessions, des conquêtes de territoires, des annexions : ce sont de nouveaux débouchés pour nos produits, des clients futurs pour notre industrie et notre commerce, et, en échange, des matières premières abondantes et à bon marché, pouvant être fournies par des régions neuves, riches et peuplées.

Le Soudan central, entre le lac Tchad et le Niger, échappe en grande partie à notre influence nominale : c'est une déconvenue. Mais on reconnaît la liberté de notre extension au sud de nos possessions méditerranéennes vers le Tchad et le Niger (droit qu'il était, du reste, impossible de nous contester). Nous pouvons nous relier au Soudan par un chemin de fer au travers du Sahara. N'hésitons pas, construisons le Transsaharien, et nous aurons l'instrument qui nous donnera l'influence réelle. Pour s'en convaincre, il suffit de voir les progrès constants de l'influence russe dans l'Afghanistan, grâce au chemin de fer transcaspien.

L'exemple du Transcaspien, qui est en train d'opérer une révolution économique dans l'Asie centrale, fournit également la meilleure réponse à faire à ceux qui veulent douter quand même des chances de trafic du Transsaharien. Le Transsaharien est destiné, quoi qu'on en dise, à devenir la voie principale des échanges entre l'Europe et l'intérieur africain.

On objecte que les marchandises à importer ou à exporter ne supporteront pas les frais de transport sur des parcours de 2,000 à 3,000 kilomètres : ne pourrons-nous donc procéder comme les Américains sur leurs chemins de fer transcontinentaux et appliquer des tarifs décroissants pour les longs transports sans transbordement? Je soutiens que le Transsaharien, voie directe, régulière, rapide et sûre, dirigée dans le sens du mouvement traditionnel des échanges entre le

Soudan et le littoral africain, traversant des pays sains, commandée par une colonie organisée et outillée comme l'Algérie, luttera victorieusement, dans beaucoup de cas, avec la concurrence des voies fluviales de la Bénoué et du bas Niger, — attendu que celles-ci imposeront au trafic un énorme détour par le Sud, ne supprimeront pas les trajets par voie de terre, comporteront une navigation fluviale, qui sera toujours ici difficile et onéreuse, débouchant sur une côte inhospitalière et des plus malsaines, où il sera impossible de créer des installations convenables pour la porte de sortie principale du commerce du Soudan central, etc. Les négociants anglais seront les premiers à se servir du Transsaharien, qui mettra Londres à huit jours du lac Tchad, et à faire prendre cette voie à leurs marchandises, s'ils y trouvent leur intérêt. Tout ce que je souhaite, c'est que les négociants français fassent preuve de la même initiative.

Un jour viendra où le Transsaharien fera ses frais; mieux que cela, il deviendra l'une des grandes artères commerciales à la surface du globe. Mais en attendre la preuve, c'est se condamner à ne jamais l'entreprendre.

Au reste, pour l'État, ce qui domine la question transsaharienne, c'est la raison politique. Ce que le gouvernement français doit voir d'abord et avant tout dans le Transsaharien, c'est le moyen *sine quâ non* d'assurer dans l'avenir non seulement l'extension rationnelle, mais la sécurité même de nos possessions méditerranéennes.

Nous défendre contre l'islamisme, en prenant les devants contre lui; parer aux éventualités que doivent faire craindre ses progrès, en brisant en deux le faisceau des hostilités musulmanes; maintenir le prestige du nom français auprès de nos propres indigènes et nous en servir pour nos projets de pénétration vers l'intérieur; arriver à faire la police de l'arrière-pays qui s'étend au sud de l'Algérie et de la Tunisie; affirmer pacifiquement notre force aux yeux des populations touareg du grand Sahara, acquérir peu à peu influence et action sur elles et les prendre à notre solde pour nouer des relations avec le Soudan : tels sont pour moi les conseils d'une politique habile et prévoyante en Afrique. Or, l'axe de cette politique, ce sera le Transsaharien.

Enfin, il y a dans le Transsaharien une grande idée humanitaire. La France qui, la première, a planté le drapeau de la civilisation dans l'Afrique du Nord, qui, depuis soixante ans, y a dépensé largement son or et son sang, la France s'est créé des devoirs, en même temps que des droits, sur le continent noir : elle ne peut aujourd'hui refuser de concourir à la lutte commune contre l'esclavage et la barbarie. Aussi mes efforts ont-ils reçu les encouragements du grand Français qui a nom le cardinal Lavigerie (1).

Le Transsaharien s'impose.

Mais quel tracé adoptera-t-on? C'est, à ce sujet, une véritable confusion : chacune de nos provinces méditerranéennes, chaque explora-

---

(1) Lettre adressée par Son Éminence le cardinal Lavigerie a M. Georges Rolland :

Alger, 20 juin 1890.

Monsieur l'ingénieur,

J'ai toujours considéré la question de la pénétration du Sahara et du Soudan comme capitale pour les intérêts de la France et pour ceux de l'Algérie. Dès le moment où l'Afrique est devenue le champ clos que se disputent les ambitions européennes, il est plus évident que jamais que cette région nous est surtout dévolue par la position même que les puissances, qui se disputent le continent africain, ont déjà prise sur tous les autres points de cet immense territoire.

A la vérité, le but que j'ai poursuivi dès l'origine dans le continent africain, et pour lequel mes missionnaires ont versé leur sang et affronté tant de fatigues, est d'un ordre étranger et supérieur à celui de la politique proprement dite. La cause dont je veux avant tout le triomphe est la cause de l'humanité, de la justice, de la liberté, de la vérité; mais lorsqu'il s'agit de la France chrétienne, ces causes s'identifient, et je ne puis, par conséquent, que m'intéresser au succès de votre grande entreprise du Transsaharien.

Sans doute, la question technique aussi bien que la question financière échappent à mon action et à ma compétence. Mais, au point de vue moral, c'est-à-dire à celui des intérêts de l'humanité et de ceux de la France chrétienne, je n'hésite pas à vous donner la nouvelle assurance de mes sympathies, à vous promettre mon concours moral et celui de mes missionnaires, et à accepter, par conséquent, d'inscrire mon nom, à ce point de vue, parmi ceux de tous les hommes éminents qui ont pris l'initiative ou qui acceptent le patronage de votre œuvre.

Veuillez agréer, monsieur l'Ingénieur, l'assurance des sentiments de haute et respectueuse considération avec lesquels j'ai l'honneur d'être

Votre très humble et très obéissant serviteur,

Ch. cardinal Lavigerie,
*Primat d'Afrique.*

Le cardinal Lavigerie acceptait ainsi de faire partie d'un haut Comité de patronage, comprenant déjà MM. le général Philebert; Paul Leroy-Beaulieu, membre de l'Institut; Linder, vice-président du Conseil général des Mines; Jus, directeur honoraire des sondages du Sud Algérien.

teur a son tracé, sa variante. Il est grand temps que le gouvernement, ne s'inspirant que de l'intérêt général, tranche la question.

Pour ma part, j'ai pleine confiance dans l'adoption du tracé que nous n'avons cessé de préconiser, le général Philebert et moi, savoir : le tracé *central* par Biskra, Ouargla, Amguid.

Raison déterminante : seul, notre tracé *central* a été l'objet d'études faites sur le terrain par des missions techniques; seul, il est susceptible d'une mise en train immédiate; seul, il dispense de toute exploration préliminaire. Comment ose-t-on dire et écrire que ce tracé aurait à craindre des sables mouvants et se heurterait à des obstacles montagneux? mais c'est faire preuve soit d'ignorance, soit de parti pris!

Autre raison, non moins capitale : notre tracé *central* ne soulève aucun risque de difficulté internationale. Au contraire, le tracé *occidental* ou oranais (bien que traversant des régions que je suis le premier à revendiquer comme rentrant dans la sphère légitime d'influence de mon pays) offre le très grave danger de longer la frontière marocaine : il nous entraînerait dans des complications dont on ne peut mesurer l'étendue.

Notre tracé *central* n'est exclusif ni comme point de départ, ni comme point d'arrivée. Il intéresse également les provinces de Constantine et d'Alger, et, dans une certaine mesure aussi, la Tunisie. A partir d'Amguid, il peut faire la fourche et se diriger à volonté sur le coude du Niger ou sur le lac Tchad. Avec le Niger comme objectif, *il n'est pas plus long* que le tracé occidental. Avec le Tchad comme objectif, il est le *seul admissible;* d'Amguid, il se dirigerait alors sur Amadhror, d'où il pourrait bifurquer soit par Agadès vers le Damergou, soit par Bilma vers la rive orientale du Tchad, de manière à réaliser, par le Ouaday et le Baghirmi, la jonction de l'Algérie avec le Congo français.

Enfin, notre tracé *central* est le plus politique pour résoudre *pacifiquement* la question touareg.

En toute impartialité, c'est le vrai *tracé français*.

Maintenant, quel sera le meilleur mode de construction du Transsaharien? Sera-t-il construit par l'État ou par l'industrie privée? Il est probable que ce dernier système sera préféré par le Gouvernement et par les Chambres.

D'une manière comme de l'autre, les considérations dominantes devront être l'économie de premier établissement et la rapidité d'exécution.

Dès l'origine, je m'étais préoccupé d'une solution franchement économique, rompant avec les errements passés en matière de chemins de fer algériens. C'est pourquoi je m'étais rallié d'abord à l'idée d'un petit chemin de fer à voie de $0^{m},75$ qui, à la rigueur, eût pu suffire. Aujourd'hui, en présence du mouvement d'opinion qui s'est manifesté en faveur du Transsaharien, il y a lieu de préférer une solution plus complète, une voie plus lourde et un matériel plus robuste. On adoptera sans doute, sinon la voie normale, du moins la voie de 1 mètre avec rails de 20 kilogs par mètre courant.

En deux ans, le rail peut atteindre Ouargla. Au delà, il faudrait obtenir un avancement moyen de 400 kilomètres par an. La construction complète du Transsaharien, de Biskra au lac Tchad, demanderait ainsi neuf années.

Se contenter d'aller jusqu'à Ouargla serait tout à fait insuffisant pour obtenir un résultat politique et commercial. Le moins qu'on puisse faire est d'aller d'abord, d'un seul trait, jusqu'à Amguid.

Reste la grosse question de la dépense. Avec une voie de 1 mètre, les frais de premier établissement de Biskra à Amguid (1,050 kilomètres) seront d'une centaine de millions.

Les représentants du pays apprécieront. Mais l'œuvre à entreprendre est d'une telle portée que nos descendants ne sauront être trop sévères pour la génération actuelle, si celle-ci déserte quand l'heure de la résolution a sonné.

Veuillez agréer, etc.

GEORGES ROLLAND.

Le 21 août 1890.

---

## II

### RÉPONSE A L'EXPLORATEUR ALLEMAND GERHARD ROHLFS.

*Lettres au directeur du* Siècle *(5 et 7 septembre 1890).*

Mon cher directeur,

Absent de Paris, je vois seulement dans le *Siècle* du 1er septembre la lettre de M. Gerhard Rohlfs à la *Kœlnische Zeitung* concernant mon projet de chemin de fer transsaharien.

L'autorité qui s'attache à l'opinion du grand explorateur allemand me fait un devoir de sortir de la réserve que je m'étais imposée à l'égard de tout ce qui se dit et s'imprime depuis quelque temps sur cette question, devenue d'une actualité brûlante.

M. Rohlfs reconnaît que les difficultés de terrain ne seront pas insurmontables. Elles seront même beaucoup moindres qu'il ne semble le croire.

Ainsi qu'il le fait observer, les grandes dunes de sable pourront toujours être traversées en tunnel (ou en viaduc, ou en remblai, suivant les cas). Mais ce qu'il y a surtout d'important à constater, c'est qu'en adoptant le tracé *central* par Ouargla, Timassinin et Amguid, on n'aura, pour ainsi dire, *pas de dunes* à traverser.

L'itinéraire de M. Rohlfs, en 1864, ne lui a pas permis d'explorer personnellement cette ligne. Ce n'est que postérieurement, en 1880, que la première mission Flatters a reconnu l'existence, au sud de Ouargla, d'une grande trouée au travers du massif de l'Erg, savoir la trouée de l'Igharghar. Notre tracé *central* suit précisément ce couloir, large de 20 kilomètres, tout le long duquel le rail sera posé sur un terrain plat et dur de *reg, libre de sable* (sauf vis-à-vis d'El Biodh, où nous aurons 100 mètres de dunes à recouper, pas davantage) (1).

Ce que M. Rohlfs dit de la traversée des sables doit s'appliquer plutôt au tracé *occidental* par l'Oued Messaoura, région visitée par lui en 1864. De ce côté, en effet, ceux qui répètent avec assurance qu'on passerait sans sable, parlent *sans preuve :* ils ne peuvent présenter, à l'appui de leurs affirmations, que des renseignements qui sont insuffisants et auxquels on peut en opposer d'autres. Ainsi, d'après M. le capitaine Brosselard-Faidherbe, la vallée de l'Oued Messaoura serait barrée, en plusieurs points, par des chaînes de dunes. Certes, je considère, avec M. Rohlfs, que l'art de l'ingénieur triomphera de cette difficulté; mais, jusqu'à plus ample informé, il n'est pas sérieux de vouloir évaluer le prix kilométrique d'un chemin de fer par l'Oued Messaoura.

Au contraire, le tracé *central* par l'Igharghar a été l'objet d'études spéciales faites sur le terrain par Béringer (de la mission Flatters), qui était un ingénieur de chemins de fer. Or, Béringer a nettement constaté l'absence de toute difficulté technique jusqu'à 1,000 kilomètres au delà de Ouargla.

Jusqu'au 26e degré de latitude, on peut construire le Central Transsaharien *sans exploration préliminaire.*

Mais ce que M. Rohlfs redoute pour notre entreprise du Transsaha-

---

(1) *A l'appui de ces affirmations, je citerai l'extrait suivant d'une communication de M. le capitaine Bernard, membre de la première mission Flatters, qui a personnellement exploré la trouée de l'Igharghar (ou gassi de Mokhanza) sur toute sa longueur :*

« Au sud de Ouargla, la première mission Flatters a étudié le pays d'une façon assez détaillée, soit à l'aller, soit au retour. Elle a reconnu deux itinéraires entre Ouargla et Tebalbalet sur 5 degrés environ de latitude, et cette mission a été assez heureuse pour découvrir à travers le Grand Erg un large passage sans sable et sans accidents de terrain, espèce de tranchée naturelle reliant le Sahara algérien au Sahara central.

» C'est évidemment par ce passage parfaitement connu que passerait le tracé en cause..... A partir de Hassi El Mokhanza, on peut se porter soit sur El Biodh, soit sur Timassinin, sans rencontrer aucune difficulté de terrain.

» Le tracé sur El Biodh est le mieux connu, puisqu'il a été suivi par une partie de la première mission Flatters; aussi, dans l'état actuel de nos connaissances, lui donnerions-nous la préférence. Du débouché des Kantra de Ouargla à El Biodh, la ligne se développerait sur une vaste plaine caillouteuse, sans aucune difficulté de terrain; l'eau se trouverait partout à moins de 25 mètres de profondeur, et dans la plupart des points à moins de 40 mètres; cette eau est généralement bonne, sauf à El Biodh, où d'ailleurs il existerait une couche aquifère profonde, de qualité meilleure que celle de la nappe superficielle. »

rien, c'est l'hostilité des populations Touareg et autres du grand Sahara. Ses appréciations à cet égard sont empreintes d'une *exagération notoire*.

Avec lui, je suis d'accord que si l'on se contentait d'aller à Ouargla, « il n'y aurait encore rien de fait ». Pour ma part, j'ai toujours demandé qu'on poussât le rail, tout au moins et d'un seul trait, jusqu'à Timassinin et Amguid, c'est-à-dire jusqu'au cœur du pays touareg.

Je n'ai, d'ailleurs, jamais admis qu'on fît obliquer l'artère principale du Transsaharien de Timassinin vers In Salah, comme M. Rohlfs paraît le sous-entendre. In Salah, malgré son importance, n'est qu'un détail dans le programme d'ensemble de notre pénétration de l'Algérie au Soudan. Notre Transsaharien n'est déjà que trop long : allons, du moins, droit au but, droit au sud!

M. Rohlfs prétend qu'au delà de Ouargla, il nous faudra l'aide d'une force militaire de 20,000 hommes pour traverser le pays touareg. *Nous sommes très loin de compte.*

Mon plan comporte, il est vrai, un chiffre élevé de manœuvres et d'ouvriers indigènes convenablement encadrés, pour la construction même du Transsaharien, — attendu que je suis partisan d'un avancement aussi rapide que possible des travaux. — Avec l'organisation prévue, la sécurité même des chantiers ne fera pas question.

Pour ce qui est de la sauvegarde ultérieure et des garanties de bonne exploitation du chemin de fer, on les assurera au moyen de postes militaires à échelonner le long de la ligne. Ces postes, bien aménagés pour la défensive, ne comporteront guère chacun que 200 à 300 hommes de troupes, indigènes en majeure partie, et y compris tous les services accessoires. Le programme a été étudié dans ses moindres détails par le général Philebert ; rien n'est laissé à l'imprévu (1).

Tels quels, ces petits postes seront tout à fait inexpugnables, et M. Rohlfs peut se tranquilliser sur leur sort.

M. Rohlfs craint que le poste de Timassinin ne se trouve dans une situation particulièrement dangereuse, parce qu'il sera placé sur la

---

(1) Général Philebert : *Création de postes sur la route du Soudan* (Baudoin et Cie, éditeurs, 1890).

grande route des caravanes entre In Salah et Rhadamès. Mais je vois, au contraire, un avantage à cette position : sinon, ce serait un cercle vicieux. Une des supériorités de notre tracé *central* est précisément de recouper ainsi les principales routes de caravanes du Sahara central, à l'intersection desquelles nous installerons des marchés d'échanges, sous la protection de nos postes.

M. Rohlfs admet qu'un beau jour les tribus fanatiques dont il parle, pourront détruire tout notre chemin de fer. Il doit savoir cependant que ces populations sont trop étrangères au maniement des outils pour mettre hors de service un tronçon important d'une voie ferrée solidement établie ; puis les quelques détériorations que la voie subirait çà et là seraient rapidement réparables au moyen du matériel affluant par les parties restées intactes en arrière. De semblables considérations n'ont pas arrêté les Américains, quand ils ont voulu construire leur premier chemin de fer transcontinental ; les Peaux-Rouges n'étaient-ils pas aussi redoutables que les Touareg ? De fait, ils n'ont jamais osé toucher au chemin de fer.

D'ailleurs, notre tracé *central* par Ouargla a ceci de rationnel qu'il aborde les Touareg par la confédération dont les traditions nous sont favorables, les Azdjer. Au point de vue politique, Timassinin est admirablement située, puisque nous serons là chez les Ifogha, tribu qui s'est toujours montrée fort bien disposée pour nous. Avec leur concours, nous prendrons contact avec la confédération des Hoggar, à Amguid, dans les meilleures conditions possibles.

Enfin le temps est passé où l'on se faisait un épouvantail des Touareg. Les Touareg ne méritent ni l'estime que certains professent pour eux. ni la crainte qu'ils inspirent à d'autres. Pour ma part, j'attends peu des traités que l'on espère passer au préalable avec eux, mais beaucoup de l'effet irrésistible que produiront chez eux l'arrivée de la locomotive, l'œuvre de la sonde artésienne et la vue de notre force pacifique. Ne faisons pas grand fond sur leur bonne foi ; mais comptons que leur intérêt sera de venir à nous et de se mettre à notre solde pour nos relations avec le Soudan.

Poussons le rail jusqu'à Amguid, et les Touareg seront à nos pieds.

Veuillez agréer, etc.

GEORGES ROLLAND.

---

*Extrait du* Siècle *du 7 septembre 1890.*

M. Georges Rolland ayant eu connaissance, par notre numéro du 7 septembre, des conclusions de la lettre de M. Gerhard Rohlfs sur le Transsaharien, nous adresse, comme complément à sa réponse précédente, déjà si péremptoire et décisive, les quelques lignes suivantes dont l'intérêt n'est pas moins grand et que nous nous empressons d'insérer :

7 septembre.

Les appréciations de M. Rohlfs sur les dispositions de nos indigènes d'Algérie à l'égard de la France sont empreintes d'une telle malveillance que le mieux est de ne pas les relever, afin de rester dans les limites d'une controverse courtoise. Elles permettent, tout au moins, de juger des autres allégations de l'explorateur allemand.

Pour ce qui est du Transsaharien, M. Rohlfs tient à son chiffre de 20,000 soldats nécessaires, selon lui, pour entreprendre notre chemin de fer. Je donne de nouveau à cette assertion le démenti le plus formel, étant admis qu'on adopte le tracé *central.*

M. Rohlfs répète qu'il faudra soumettre au préalable les Chaamba, les Ouled-Sidi-Cheik, les gens du Tafilalet, de l'Oued Messaoura, du Touat, du Tidikelt, les tribus hostiles et fanatiques qui gravitent autour de ces régions, etc. D'abord, quant aux Chaamba (qui, soit dit incidemment, sont des nomades et non des sédentaires), c'est tout fait : les Chaamba sont depuis longtemps nôtres et nous paient l'impôt ; nous pourrions même, à l'occasion, compter absolument sur leur concours empressé contre les Touareg, leurs ennemis héréditaires. Pour les Ouled-Sidi-Cheik, on sait qu'ils sont divisés en deux grandes fractions, l'une française, l'autre marocaine. D'une manière générale, les territoires et les tribus hostiles que M. Rohlfs énumère avec complaisance, sont situés dans l'ouest du Sahara algérien ; c'est le tracé *occidental* du Transsaharien qui aurait affaire à eux, mais nullement le tracé *central,* dont M. Rohlfs a dû vouloir parler surtout, en traitant de mon projet, et qui laisse ces régions complètement à l'ouest.

Assurément, toutes les régions de l'Oued Messaoura, du Touat, du Tidikelt, doivent, — quoi que prétendent M. Rohlfs et les cartographes étrangers, — rentrer dans notre sphère légitime d'influence, dans l'*hinterland* de l'Algérie. Nous saurons les y faire rentrer, j'en ai la confiance. Or, à mon sens, un des moyens les plus efficaces d'y arriver sans bataille sera, non pas de les heurter de front, — comme on le ferait avec le tracé *occidental*, — mais de les prendre à revers, — comme on le fera avec le tracé *central*.

Avec le tracé *central*, qui de Ouargla va, droit au sud, sur Timassinin et Amguid, nous n'aurons affaire qu'aux Touareg. Quant aux incursions des Arabes fanatiques de la frontière marocaine, nous les attendrons sans crainte.

Sachons acquérir pacifiquement influence et action sur les Touareg, qui commandent le Sahara central, et le reste nous viendra par surcroît et à son heure.

GEORGES ROLLAND.

---

## III

### RÉPONSE A M. DUPONCHEL. — EN QUOI LA CONVENTION FRANCO-ANGLAISE FERAIT-ELLE ABANDONNER LE TRACÉ CENTRAL?

*(Extrait de la* Revue scientifique *du 15 novembre 1890.)*

La *Revue scientifique* a publié, dans le numéro du 25 octobre, un article de M. Duponchel sur la colonisation du Soudan et le Transsaharien.

Je ne viens pas, à mon tour, traiter de nouveau ici cette grande question, au sujet de laquelle mes idées sont, d'ailleurs, suffisamment connues. Mais n'ayant pas la même manière de voir que M. Duponchel sur certains points, et me trouvant visé personnellement dans plusieurs passages de son exposé, je voudrais présenter en réponse quelques courtes observations.

Et d'abord, je tiens à déclarer que, pour ma part, j'ai toujours reconnu en M. Duponchel le *véritable initiateur* du projet du chemin de fer transsaharien. Personne ne saurait sérieusement lui contester ce titre.

Mais on aimerait à le voir témoigner plus de bienveillance envers ceux qui, partageant ses aspirations patriotiques, ont repris en main son projet délaissé, et ont réussi à y intéresser l'opinion publique et le gouvernement, envers ceux qui apportent aujourd'hui une solution pratique de la question, tant au point de vue technique qu'au point de vue financier, et travaillent avec persévérance à faire entrer le Transsaharien dans le domaine des faits.

***

M. Duponchel est fort dur pour nos gouvernants, à propos de la récente convention franco-anglaise.

Je ne le suivrai pas dans son rêve — tout au moins prématuré — des États-Unis d'Europe, se constituant en dehors de l'Angleterre et contre elle, pour mettre un frein à l'envahissement colonial de la race anglo-saxonne et l'expulser du continent africain. Je ne m'arrêterai pas davantage à l'éventualité, plus que problématique, d'un vote des Chambres venant désavouer la convention franco-anglaise.

Pour qui a lu ce que le général Philebert et moi écrivions, en mai dernier, sur l'avenir de la France dans l'Afrique occidentale, pour qui a vu ma carte de l'Afrique française, telle que je l'aurais voulue, il n'est pas douteux que le partage intervenu entre l'Angleterre et la France au Soudan central (1) ne nous ait causé une déconvenue égale à celle qu'a ressentie M. Duponchel.

Assurément, notre lot n'est plus ce qu'il aurait dû être, ce qu'il aurait été si nous avions, comme nos voisins, une politique, une tradition coloniale, et si, faute d'un programme d'ensemble en matière africaine, nous n'avions laissé gravement entamer, depuis dix ans, ce qui aurait dû être pour nous la part *intangible* de l'avenir. Malheureusement, étant données la situation et les conséquences de notre déplorable abdication dans le bas Niger, en 1884, il était devenu difficile de reconquérir tout le terrain perdu, et ceux qui avaient la lourde charge de défendre nos intérêts dans les dernières négociations ne méritent pas des critiques injustes.

On peut soutenir que mieux valait adopter la politique des mains nettes, ne pas reconnaître de limite à notre sphère d'influence au sud de nos possessions méditerranéennes, entreprendre immédiatement, avec résolution et célérité, le Transsaharien, qui nous eût rendus, de fait, maîtres au Soudan. Mais à cela on peut répondre aussi, avec quelque apparence de raison, que nos concurrents avaient, hélas! une telle avance sur nous, dans le bas Niger et sur la Bénoué, qu'ils nous auraient infailliblement gagnés de vitesse, et que — bien avant que notre Transsaharien eût pu atteindre le Soudan — ils nous en auraient intercepté toutes les routes d'accès (voire même dans la direction du Niger et du Sénégal).

---

(1) Il me semble inutile de changer la terminologie usitée pour les diverses parties du Soudan. Je continuerai donc à comprendre, sous le nom de Soudan occidental, les régions du Soudan qui s'étendent entre l'Atlantique et la branche descendante du Niger; puis, sous le nom de Soudan central, les régions qui s'étendent de là vers l'est, jusqu'aux confins du bassin du haut Nil (le nom de Soudan oriental étant réservé au Soudan égyptien).

M. Duponchel croit, il est vrai, qu'avec le Transsaharien, nous pouvions arriver au Soudan en trois ou quatre ans, à raison de 1,000 kilomètres par an. Mais c'est là de l'illusion pure. Autant que quiconque, je suis partisan résolu d'un avancement rapide des travaux; mais, pratiquement et jusqu'à nouvel ordre, je considère qu'on ne pourra guère dépasser un avancement moyen de 400 kilomètres par an (soit 2 kilomètres par jour pendant deux cents jours de travail utile).

Dans ces conditions, mieux valait faire, pour ainsi dire, la part du feu que risquer de tout perdre. En somme, la convention franco-anglaise nous assure, dès aujourd'hui, un vaste domaine dans le Soudan occidental, ainsi que le nord du Soudan central, le Damergou et une partie encore indéterminée du Bornou. De plus, elle reconnaît la liberté de notre extension vers le Niger et le lac Tchad. Nous sommes donc certains de pouvoir nous relier au Soudan par un chemin de fer au travers du Sahara. Or ce chemin de fer, commandé par une colonie organisée et placée à notre porte comme l'Algérie, sera l'instrument qui nous donnera, si nous savons nous en servir, l'influence réelle dans l'intérieur africain.

Espérons maintenant que les premiers résultats acquis seront complétés par d'autres, et que le gouvernement, mieux soutenu désormais par l'opinion publique, saura tirer des questions restées ouvertes les avantages qu'elles comportent.

Les régions du Soudan central situées à l'est et au sud du Tchad sont encore libres de toute attache. Notre ambition doit être d'étendre notre sphère légitime d'influence sur le Kaouar, le Kanem, le Ouaday et jusqu'aux confins du bassin du Haut-Nil. Notre volonté ferme doit être de réaliser par le Ouaday et le Baghirmi la jonction nécessaire de l'Algérie avec le Congo français.

On sait que les partisans du Transsaharien se divisent en deux écoles, concernant son objectif au Soudan : les uns veulent qu'on l'oriente vers le coude du Niger, les autres vers les régions du lac Tchad. M. Duponchel appartient à la première école. Le général Philebert et moi appartenons à la seconde; mais nous ne sommes pas exclusifs. Dans notre brochure, nous avons exposé impartialement les deux thèses, et le tracé central que nous avons proposé a précisément l'avantage de pouvoir atteindre à volonté l'un et l'autre objectif.

Notre tracé, en effet, va droit au sud de Biskra par Ouargla jusqu'à Amguid, au cœur même du pays touareg; puis d'Amguid il peut faire la fourche et se poursuivre, soit en obliquant au sud-ouest vers le coude du Niger, soit en continuant au sud ou au sud-est vers les régions du Tchad. En adoptant ce tracé, on peut provisoirement réserver le choix de l'orientation finale du Transsaharien.

Je me bornerai donc à répondre en quelques mots à ceux des arguments de M. Duponchel qui ont pour tendance d'exclure systématiquement le tracé direct sur les régions du Tchad.

Le Transsaharien, dit-il, doit franchir le Sahara dans sa moindre largeur, et, par suite, aboutir le plus tôt possible au sommet nord de la grande courbe du Niger. Il y a là une illusion géographique. Le coude du Niger est encore sous le climat saharien, tandis que le lac Tchad est déjà en plein pays tropical; on ne saurait donc comparer les longueurs des tracés aboutissant à ces deux objectifs. Le Soudan central forme, en réalité, un promontoire vers le nord jusqu'au pays montagneux de l'Aïr; il en résulte qu'une ligne directe et méridienne de Biskra par Amguid sur Agadès, — ligne que je serais aujourd'hui très porté à recommander (voir la carte ci-jointe), — atteindrait au bout d'un moindre parcours les régions déjà productives du Soudan septentrional qu'une ligne oblique sur Tinbouctou et les régions du Niger.

Il ne serait pas exact, d'ailleurs, de dire de cette ligne méridienne Biskra-Amguid-Agadès qu'elle longerait la lisière du Sahara touareg : il suffit de regarder la carte pour voir, au contraire, qu'elle serait centrale pour nous sur tout son parcours.

Quant à l'embranchement oriental que j'ai indiqué d'Amadrhor par Bilma vers le Ouaday (voir la carte), il répond à l'idée de la jonction avec le Congo. Que si un autre embranchement était détaché du Ouaday vers les grands Lacs, il semblerait devoir agréer à l'initiateur qui avait prévu un grand railway de l'Algérie aux plateaux de l'Afrique centrale, puis de l'Afrique australe.

Mais j'aurais fourni moi-même un argument décisif contre le Transsaharien sur le Tchad, en m'exprimant ainsi (1) : « Les négociants

(1) Lettre au journal *le Temps* (22 août 1890). Chapitre I, page 5.

anglais seront les premiers à se servir du Transsaharien, qui mettra Londres à huit jours du lac Tchad, et à faire prendre cette voie à leurs marchandises, s'ils y trouvent leur intérêt. Tout ce que je souhaite, c'est que les négociants français fassent preuve de la même initiative. »

Or ces lignes venaient à la suite d'un passage où j'avais cherché à démontrer les chances de trafic du Transsaharien et à prouver qu'il est destiné à devenir la voie principale des échanges entre l'Europe et l'intérieur africain. Si ce phénomène économique doit se produire, il s'appliquera forcément aux marchandises de toutes provenances, quelle que soit la nationalité des expéditeurs; le Transsaharien ne saurait, quelle que soit son orientation, avoir le don d'empêcher la concurrence commerciale.

De fait, si l'on envisage le Transsaharien en lui-même, comme entreprise industrielle, n'est-il pas évident que les recettes seront les bienvenues, qu'elles soient fournies par de l'argent français, anglais ou allemand? Ne compenseront-elles pas d'autant les charges que ce chemin de fer aura imposées à l'État français (1)?

Prévoir ensuite que notre Transsaharien sur le Tchad passerait au bout d'un certain temps entre les mains des Anglais, est vraiment d'un pessimisme noir; d'ailleurs, le gouvernement français ne devra-t-il pas imposer à la Compagnie concessionnaire que ses administrateurs et son personnel soient exclusivement français? Prédire enfin que le résultat le plus net de ce chemin de fer serait de livrer l'Algérie aux Anglais, ne saurait être qu'une boutade : qui veut trop prouver ne prouve rien.

. . . . . . . . . . . . . . . . . . . . . . . . . . . . . . . .

***

En principe, M. Duponchel a toujours déclaré que peu lui importait le point de départ du Transsaharien, pourvu qu'il fût *central*. Il y a dix ans, autant qu'il m'en souvienne, il avait des préférences pour le tracé central par Laghouat. Depuis que la Tunisie est devenue française, le tracé par Biskra se trouve être tout aussi central, et, il y a quelques mois, avant la convention franco-anglaise, M. Duponchel écrivait qu'aujourd'hui la question du point de départ était

(1) Ou à une grande Compagnie coloniale.

résolue en fait, puisque la ligne de Constantine à Biskra « est la seule qui ait franchi le point barbaresque nous ouvrant toute droite la route du Sahara »; et il ajoutait : « Le Transsaharien doit avoir son point de départ à Biskra (1). »

Aujourd'hui, volte-face complète. Le Transsaharien devra commencer en prolongement d'une ligne à voie normale, existante ou à créer, partir de Tlemcen ou de Tiaret, puis rejoindre au plus tôt la vallée de l'oued Guir, et continuer par le Touat vers Tinbouctou. Ce n'est plus là un tracé central, mais un tracé *frontière :* c'est le tracé *occidental.*

J'ai combattu ce tracé, tout en reconnaissant sa valeur propre (et, soit dit incidemment, ses partisans auraient dû faire preuve de la même impartialité à mon endroit). Je considérais, du moins, qu'il avait pour but de prolonger une ligne de pénétration déjà fort avancée vers le sud, la ligne d'Aïn-Sefra. Mais renoncer à cet avantage et préférer venir s'amorcer loin en arrière à des lignes qui n'ont pas encore franchi le Tell, s'imposer ainsi bénévolement la construction de près de 400 kilomètres de plus, faisant double emploi avec une ligne déjà existante, n'ayant d'ailleurs fait l'objet d'aucune étude préparatoire, c'est une conception qui ne laissera pas que de surprendre. Le besoin de cette nouvelle variante du Transsaharien ne se faisait vraiment pas sentir.

Pourquoi donc ce supplément de retard et de dépenses? Est-ce uniquement pour avoir la satisfaction de se relier à un chemin de fer à voie normale? Mais la ligne de Mostaganem à Tiaret est une ligne à voie étroite. D'autre part, la ligne de Biskra n'est-elle pas à voie normale?

Pourquoi alors ne plus demander le prolongement de celle-ci? En quoi la convention franco-anglaise motive-t-elle son abandon et l'adoption inopinée du tracé occidental par le Touat?

M. Duponchel estime qu'aujourd'hui nous ne devons plus avoir en vue que le Soudan occidental, et qu'il faut nous y cantonner. Mais, même quand il pensait au Soudan central, il était d'avis de diriger le Transsaharien sur le coude du Niger (quitte à se rabattre ensuite du Niger moyen vers l'est par Sokoto, Kano et Kouka). Dès lors, le coude du Niger se trouvant, avant comme après, le terminus

(1) *La Géographie*, n° du 21 août 1890.

de son Transsaharien, on ne voit pas pourquoi il change de tracé et renonce au tracé central par Ouargla. Avec cet objectif, cependant, le tracé central n'est pas plus long — quoi qu'on dise — que le tracé occidental; il est étudié, du moins, et susceptible d'une mise en train immédiate, tandis que le tracé occidental a besoin d'une exploration ou plutôt d'une expédition préliminaire; il ne soulève, chemin faisant, aucune difficulté internationale, tandis que le tracé occidental nous entraînerait dans des batailles et des complications, dont on ne peut mesurer l'étendue, et qu'il est de notre devoir d'éviter; il recoupe les principales routes de caravanes situées à l'ouest du méridien de Tripoli, et nous permettra de dominer réellement les peuplades du Sahara central, tandis que le tracé occidental ne fait que suivre la route de moins en moins fréquentée d'In Salah à Tinbouctou; il est aussi central que le Transsaharien peut l'être par rapport à l'ensemble de nos possessions méditerranéennes, et sera commandé par la série des ports de notre littoral depuis Alger jusqu'à Bône, tandis que le tracé occidental n'intéresse exclusivement que la province d'Oran, et risquerait même un jour de voir sa tête de ligne déplacée et reportée vers le Maroc, sous l'action politique et financière de quelque influence étrangère.

Au demeurant, la question du tracé semble d'ores et déjà tranchée en haut lieu.

On affirme que la Commission administrative nommée à cette fin par M. de Freycinet s'est prononcée pour le tracé central par Ouargla et Amguid. On ajoute que le Conseil supérieur de la guerre, déclarant le Transsaharien nécessaire, a également adopté le tracé Philebert-Rolland.

Le Transsaharien se fera par Ouargla ou ne se fera pas.

M. Duponchel ne se lasse pas de prendre en pitié le petit chemin de fer à voie de $0^{m},75$ que j'avais proposé d'abord pour le Transsaharien.

Ma réponse est facile. J'ai dit, en effet, et je maintiens qu'un petit chemin de fer à voie étroite (*analogue* au Decauville) aurait pu suffire *à la rigueur*. Mais je l'ai dit sans aucun enthousiasme pour cette solution modeste; j'étais dominé alors par la raison d'économie.

Il faut bien songer qu'il y a six mois, quand j'ai commencé ma campagne en faveur du Transsaharien, personne n'y croyait ! Or, la théorie du *tout ou rien* n'est pas la mienne, et un petit chemin de fer, même provisoire, me semblait meilleur qu'aucun.

D'ailleurs, dans le principe, j'avais l'idée de pousser à la formation d'une grande Compagnie coloniale, à l'instar des Compagnies anglaises ou allemandes, et de ne demander à l'État aucune subvention pécuniaire. Mais j'ai constaté avec regret que notre pays n'était pas mûr pour cette manière de colonisation — la vraie, cependant.

. . . . . . . . . . . . . . . . . . . . . . . . . . . . . . . .

*Depuis que ces lignes ont été écrites, une évolution féconde s'est produite dans les esprits, ainsi que je l'ai dit dans l'Introduction et qu'en témoigne le vote récent du Conseil supérieur des Colonies sur les grandes Compagnies à charte.*

*Mais je pensais alors, — malgré mes préférences intimes, — que l'on ne trouverait pas en France de Compagnie qui se chargeât de construire le Transsaharien sans garantie de l'État.*

. . . . . . . . . . . . . . . . . . . . . . . . . . . . . . . .

Dès lors, je considère que l'État ne peut se permettre, aux frais des contribuables, les expériences loisibles à une Société libre de toute attache officielle ; j'estime qu'actuellement il y a lieu de préférer pour le Transsaharien une solution plus complète et plus certaine dans ses résultats, une voie plus lourde et un matériel plus robuste. C'est pourquoi je me suis arrêté à la voie de 1 mètre, avec rails de 20 kilogrammes par mètre courant.

Cette solution semble suffisante, tant au point de vue stratégique et militaire que sous le rapport d'une construction à la méthode du Transcaspien et d'une exploitation économique, avec tarifs réduits pour les longs transports.

Quant à la voie normale, elle serait peut-être préférable, bien que cela ne soit pas démontré dans ce cas particulier. Les hommes spéciaux sont si peu d'accord entre eux au sujet des mérites respectifs des voies étroite et large, qu'il ne convient pas d'être trop affirmatif, surtout en pays neuf.

Raison déterminante : l'adoption de la voie normale pour le Transsaharien augmenterait encore les dépenses de l'entreprise. Cela ne serait guère opportun (1), vu l'état des finances publiques et les dispositions du Parlement en matière budgétaire.

Mieux vaut modérer ses prétentions et aboutir.

Pour ma part, je ne rêve pas encore, comme M. Duponchel, à 100,000 kilomètres de grands chemins de fer au travers des régions qui nous sont attribuées dans l'Afrique occidentale (2). Mon ambition se borne à ce qu'on vote au plus tôt un chemin de fer à voie de 1 mètre depuis Biskra jusqu'à Amguid, soit 1,050 kilomètres ; je crains même qu'on se contente de ne voter d'abord que le premier tronçon de Biskra à Ouargla, ce qui serait — je l'ai dit et le répète — tout à fait insuffisant pour obtenir un résultat politique et économique de quelque importance.

Puisse une résolution ferme être prise jusqu'à Amguid ! et puisse-t-on entrer bientôt dans la période d'exécution du Transsaharien ! Puissent les visées indubitables de l'Italie sur la Tripolitaine être pour nous un avertissement salutaire et faire comprendre à nos représentants que tout nouveau retard serait fatal à la pénétration française vers l'intérieur africain !

GEORGES ROLLAND.

---

(1) *L'observation reste vraie, avec le système d'une Compagnie coloniale et commerciale du Transsaharien, vu le chiffre élevé des dépenses de premier établissement de ce chemin de fer.*

(2) *Économiste Français* du 13 septembre.

IV

## RÉPONSE A UN « ALGÉRIEN » D'ORAN. TERRAIN DE CONCILIATION DES PARTISANS DU CENTRAL-TRANSSAHARIEN AVEC ORAN

*(Extrait de* la Revue scientifique *du 31 janvier 1891.)*

La discussion sur les tracés du Transsaharien menace de s'éterniser. Aussi me contenterai-je de répondre très brièvement aux points saillants de l'article paru à ce sujet dans le dernier numéro de *la Revue scientifique.*

1° Mon contradicteur anonyme appelle l'attention sur ce fait, selon lui décisif, qu'Aïn-Sefra se trouve à deux degrés et quelques minutes plus au sud que Biskra. Je le sais, et je conviens qu'*à vol d'oiseau*, Aïn Sefra est plus près que Biskra du coude du Niger (seul objectif à envisager, du moment qu'on compare le tracé *occidental* et le tracé *central).* Mais je ne sache pas qu'on ait l'habitude de compter la longueur d'un tracé de chemin de fer par degrés de latitude : ce qui serait fort simple, mais peu exact. Qu'on prenne une carte, et qu'on y marque avec soin les deux tracés en présence (avec cet objectif), d'une part, la ligne Arzew-Aïn Sefra-Igli-Taourirt-Timissao-Bouroum, et, d'autre part, la ligne Philippeville-Biskra-Ouargla-Amguid-Timissao-Bouroum; qu'on mesure leurs longueurs respectives, et l'on trouvera qu'elles sont sensiblement les mêmes (1). Cela peut sembler difficile à admettre aux partisans du tracé occidental, qui n'ont cessé de prétendre que leur tracé est de beaucoup le plus court ; mais c'est ainsi (cela tient à

---

(1) Général Philebert et Georges Rolland : *La France en Afrique et le Transsaharien* (Challamel, éditeur), page 64 du texte et carte.

l'obliquité de leur ligne à partir d'Igli, au contournement du Tanezrouft, etc.).

En revanche, on me dira qu'il faut envisager les longueurs déjà exécutées de ces deux lignes; or, il est vrai que la ligne de pénétration d'Arzew-Aïn Sefra, à l'ouest, compte 465 kilomètres, tandis que la ligne de pénétration de Philippeville-Biskra, au centre, n'en compte que 320. Mais voici une considération qui fait plus que compenser la précédente, sous le double rapport de la dépense et du temps d'exécution des prolongements respectifs des lignes en question : la ligne de Biskra, bien que moins avancée vers le sud, a l'avantage, telle quelle, d'atteindre déjà la plaine saharienne, où son prolongement est désormais facile, tandis que le terminus actuel de la ligne d'Aïn Sefra se trouve encore en plein Atlas; le prolongement de celle-ci aura encore des reliefs montagneux à franchir et à contourner, sur plus de 100 kilomètres, avant d'arriver à la plaine saharienne. Nous serons à Ouargla avant que vous n'ayez pu atteindre la hauteur de Figuig, à la même latitude.

2° Il n'est vraiment pas impartial de mettre sur le pied d'égalité l'état actuel de nos connaissances techniques suivant les deux tracés. La ligne de Biskra-Ouargla est l'objet de projets détaillés, et a pu être soumise à l'examen du Conseil général des ponts et chaussées; nous possédons, pour son prolongement jusqu'à Amguid, un avant-projet dressé sur le terrain par l'ingénieur Béringer, de la mission Flatters; au delà, la zone des grandes dunes passée, la fin de la traversée du Sahara central ne doit pas faire question. Pour ce qui est du tracé occidental, au contraire, la situation est tout autre; le prolongement de la ligne d'Aïn Sefra a dû être étudié jusqu'à Djenan-bou-Rezg, et peut-être un peu au delà; mais ensuite on ne dispose plus que de renseignements, et tant qu'une exploration technique n'aura pas eu lieu le long de l'Oued Messaoura, on ne saurait engager aveuglément un chemin de fer dans cette direction. Le général Colonieu (qui n'est cependant point partisan de mon tracé par Ouargla) me disait encore récemment que, pour lui, la vallée de l'Oued Messaoura est barrée par des chaînes de dunes, en plusieurs endroits; la même opinion m'avait déjà été exprimée par le capitaine Brosselard-Faidherbe.

3° La qualification de *central* s'applique parfaitement, quoi qu'on puisse dire, au tracé que je préconise, et cela non seulement par rapport à nos possessions méditerranéennes, mais encore par rapport au

Sahara touareg et aux régions soudaniennes qu'il s'agit d'atteindre. Cette qualification résume toute une série d'avantages d'ordre général, politique, économique, que j'ai développés ailleurs et qu'on ne réussira pas à diminuer.

. . . . . . . . . . . . . . . . . . . . . . . . . . . . . . . . .

*Ici se plaçait la définition complète du Central-Transsaharien avec la nouvelle formule de conciliation entre Alger et Constantine.* (Voir, à ce propos, la lettre ci-après (1) au directeur du *Siècle*, en date du 7 février 1891.)

. . . . . . . . . . . . . . . . . . . . . . . . . . . . . . . . .

4° Mon contradicteur parle excellemment quand il dit qu'avant tout, il faut considérer le but à atteindre. Mais je constate qu'ensuite il n'en dit plus un mot.

Quel doit être l'objectif principal du Transsaharien? Est-ce le Soudan central ou le Soudan occidental? Sont-ce les régions du Tchad ou celles du moyen Niger?

L'orientation vers le Tchad est d'une conception certainement bien supérieure (1). On peut ne pas partager cette manière de voir; mais il est impossible de ne pas tenir compte de l'école qui la soutient et à laquelle est dû le mouvement d'opinion actuel. Quels que soient les résultats des partages politiques qui sont intervenus ou interviendront par la suite, au Soudan, les perspectives économiques du Transsaharien central et direct sur le Tchad restent les mêmes, et j'ai cherché à montrer quelles seraient les chances de trafic de cette grande artère commerciale (2). Au contraire, le Transsaharien occidental ne peut raisonnablement viser au Tchad; avec cet objectif, il aurait 1,000 kilomètres de plus. Il ne peut viser qu'au coude du Niger, ce qui lui enlève beaucoup de portée.

D'ailleurs, les partisans du tracé occidental songent-ils bien sérieusement au Transsaharien et à son objectif? On remarquera qu'ils parlent fort peu, le moins possible, du Soudan, mais presque uniquement des grandes régions d'oasis de l'Oued Messaoura, du Touat, que leur ligne desservirait tout d'abord. En réalité, ce qui leur importe sur-

---

(1) Chapitre VI, page 42.

(2) *Économiste français* des 3, 10 et 17 janvier 1891. — Voir ci-après chapitre VIII, page 51.

tout, c'est l'extension de la province d'Oran jusque-là. Ils feraient mieux d'en convenir ; car alors nous cesserions de les contredire. Pour ma part, je suis le premier à reconnaître que le prolongement de la ligne de pénétration d'Aïn Sefra jusqu'au Touat est désirable et deviendra nécessaire en son temps. Mais ce sera un chemin de fer saharien : ce ne sera pas le Transsaharien.

Georges Rolland.

---

# V

## LES TRACÉS DU TRANSSAHARIEN

*(Extraits du* Siècle *du 25 janvier, du 2 et du 5 février 1891.)*

Depuis six mois, une polémique fort vive s'est élevée autour de la question du Transsaharien. Remise au premier plan par une étude très remarquée de MM. le général Philebert et Georges Rolland, elle est devenue d'une actualité pressante à la suite des récents événements survenus en Afrique. Aussi bien, tous ceux qui ont quelque compétence en matière coloniale, sont-ils aujourd'hui unanimes à reconnaître la nécessité d'une solution immédiate. Malheureusement, l'accord s'arrête à cette déclaration de principe ; dès qu'on aborde le chapitre des voies et moyens, de profondes divergences se manifestent entre les partisans les plus convaincus de l'entreprise.

C'est, en premier lieu, le choix du tracé qui a provoqué de nombreuses controverses. Il existe actuellement deux écoles principales qui professent sur ce point essentiel des idées à peu près irréconciliables. Que cet état de choses ne soit pour beaucoup dans les hésitations qui ont retardé la mise en train des travaux du Transsaharien, personne ne saurait le mettre en doute, et c'est là une raison de plus pour déplorer l'antagonisme signalé. Il semble cependant que cette question du tracé soit mûre et n'attende qu'une décision définitive ; tout a été dit de part et d'autre ; la production de nouveaux arguments ne paraît guère probable, et il est permis de considérer le débat comme épuisé.

En présence de cette situation, il y a un intérêt évident à résumer la discussion qui s'est déroulée avec une grande ampleur depuis le printemps dernier, et à faire connaître les pièces et les documents sur lesquels le procès va être jugé. L'examen d'un dossier impartial, où figurent toutes les opinions émises, pourra fournir à chacun les données nécessaires pour asseoir son avis et se prononcer sur les conclusions à adopter.

***

A passer en revue la série des projets étudiés pour le Transsaharien, on constate qu'ils se rapportent à trois directions principales, entre lesquelles se développent plusieurs variantes secondaires. En allant de l'ouest vers l'est, le premier tracé proposé est celui qui relie Oran soit à Tinbouctou, soit à Bouroum, par l'Oued Messaoura, le Touat et Mabrouk ou Timissao (tracé occidental). Vient ensuite le second itinéraire, dont l'origine se trouve à Philippeville et l'extrémité au lac Tchad, route jalonnée par les oasis de l'Oued Rir' et de Ouargla, la région d'Amguid et le pays d'Aïr (tracé central). Enfin, une ligne tirée de Bou-Grara au Tchad, ligne touchant à Rhadamès, à Rhat, puis à Bilma, constitue le troisième tracé (tracé oriental).

Parmi les variantes proposées, il y a lieu de citer tout d'abord celles qui placent à Alger la tête de ligne du chemin de fer; la plus intéressante est celle qui s'avance sur Djelfa pour se rabattre ensuite sur l'Oued Rir', où elle rejoint le tracé central sur le Tchad. Un autre projet consiste à raccorder directement Ouargla et Insalah, en vue d'orienter vers cette dernière oasis le tracé partant de Philippeville. De même, et pour faire aboutir ce tracé au coude du Niger, il a été prévu un embranchement se dirigeant d'Amguid sur Bouroum.

Le problème du Transsaharien a ainsi fait surgir de nombreuses solutions, qui, bien que de valeur très inégale, ont été défendues tour à tour avec chaleur et conviction. D'ailleurs, et depuis que le gouvernement se trouve saisi de la question, les promoteurs des différents tracés ont résumé leurs conclusions dans des communications spéciales, qui constituent de véritables plaidoyers, et, à ce titre, peuvent être envisagées comme donnant l'exposé complet des projets présentés. Tels sont les mémoires dont voici l'énumération, et qu'il faut consulter pour se rendre un compte exact de chacune des propositions formulées.

*Tracé occidental :* d'Oran à Tinbouctou ou à Bouroum. —
M. Bouty. — Observations sommaires sur les tracés du chemin de fer transsaharien par l'est ou l'ouest de l'Algérie, présentées au nom de la Société de géographie et d'archéologie d'Oran.

*Tracé central :* de Philippeville au Tchad (avec la variante d'Amguid à Bouroum). — MM. le général Philebert et Georges Rolland. — La France en Afrique et le Transsaharien.

*Tracé oriental :* de Bou-Grara au Tchad. — M. Édouard Blanc. — Les routes de l'Afrique septentrionale au Soudan.

*Variante d'Alger :* sur Tougourt et Ouargla ou sur le Touat. — M. Mario Vivarez. — Articles et études sur le Transsaharien.

*Variante de Ouargla à Insalah :* Communication de MM. Fau et Foureau.

On peut citer encore, mais simplement pour mémoire, la communication de M. René Allain au sujet d'un projet de Transsaharien atlantique, destiné à relier Tinbouctou au cap Noun.

***

A quelle cause tient, en dernière analyse, la multiplicité des directions mises en avant pour le chemin de fer destiné à relier l'Algérie au Soudan? Il n'est pas difficile de reconnaître qu'au fond de cette querelle des tracés, se trouve un désaccord primordial sur le rôle et le but de la ligne à établir. C'est donc à définir le caractère de l'entreprise qu'il faut s'attacher tout d'abord ; une fois la conception du Transsaharien fixée dans ses traits principaux, on aura une base de comparaison certaine pour apprécier les divers projets et en déterminer la valeur relative.

Solidement établie sur le littoral méditerranéen du continent noir, la France n'a guère étendu son occupation effective au delà des premières limites du désert. Le Sahara, bordé de confins militaires, a été considéré, jusqu'à l'heure actuelle, comme formant la frontière méridionale de l'Algérie.

Cependant, M. Duponchel, il y a plus de dix ans déjà, a mis en lumière le parti merveilleux qu'on peut tirer de la grande colonie barbaresque, en tant que base d'opérations pour la pénétration vers l'intérieur. Rentrée dans l'ombre après le massacre de la mission Flatters, cette thèse attire de nouveau et très fortement l'attention, depuis que les puissances européennes procèdent au partage de l'Afrique en délimitant leurs sphères d'influence respectives. On se rend compte enfin que la France possède, à 24 heures de distance de la mère patrie, un point d'appui incomparable pour la marche en avant vers les riches pays du Soudan. Aussi se demande-t-on s'il ne faut pas mettre à profit cette situation et franchir résolument le Sahara en se dirigeant du nord droit au sud. C'est ainsi que la question du Transsaharien se trouve définitivement posée aujourd'hui.

En effet, le rail deviendra nécessairement le facteur essentiel, la cheville ouvrière de la pénétration ; bien plus, celle-ci n'aura aucun avenir sans le concours immédiat et permanent de celui-là. Il s'agit donc d'examiner si l'effort considérable que nécessitera l'établissement de la voie ferrée à travers le désert, ne sera pas hors de proportion avec le but à atteindre.

Ce but, envisagé dans son ensemble, se présente sous un triple aspect. Il comprend, tout d'abord, la prise de possession des pays dévolus à la France en vertu du récent accord anglo-français. Il s'étend ensuite à la création de communications directes entre l'Algérie et le Sénégal. Enfin, le troisième desideratum qui s'y rattache, consiste en l'ouverture de nouveaux débouchés au commerce français.

Le premier objectif, dans lequel domine la note politique, n'acquiert une réelle valeur qu'autant qu'il se combine avec le dernier, car, selon un mot très juste, les luttes coloniales ne sont aujourd'hui que des luttes économiques. Or, celles-ci se décident forcément en faveur de la nation la mieux outillée, ayant à sa disposition les moyens de transport les plus sûrs, les plus rapides et les moins coûteux. Le Transsaharien apparait ainsi comme un puissant instrument de conquête commerciale, dont l'emploi se trouvera justifié si, grâce à lui, on peut réussir à canaliser et à diriger directement vers le nord les importants courants d'échanges qui prendront bientôt leur source dans les vastes et opulentes régions du Soudan.

Que le chemin de fer ne soit appelé à jouer un rôle stratégique considérable et à devenir le lien qui réunira l'Algérie au Sénégal d'abord, au Congo ensuite, cela ne semble guère douteux. Mais ces avantages, pour si grands qu'ils puissent être, ne viennent qu'en seconde ligne; ils ne sauraient, à eux seuls, motiver la dépense de 300 millions, au moins, que nécessitera l'établissement de la voie ferrée. D'autant plus que leur obtention resterait sans résultat pratique, du moment que l'on ne s'en servirait pas en vue de l'extension et du développement des relations commerciales. C'est dans le brillant avenir réservé à celles-ci que gît la raison d'être de la pénétration vers l'intérieur; ce sont les bénéfices à réaliser sur les marchés du Soudan qui, seuls, rendront viable l'entreprise consistant à franchir le désert avec le rail et la locomotive.

Ceci ne veut pas dire qu'il faille considérer le Sahara comme absolument dénué de ressources. Il possède, au contraire, d'importantes oasis, points d'intersection des routes suivies par les caravanes, qui ne tarderont pas à devenir des centres d'approvisionnement et de ravitaillement pour les indigènes, dès qu'on y sera parvenu avec le chemin de fer. Mais les transports auxquels donnera lieu ce mouvement d'échanges ne fourniront jamais qu'un appoint pour le traficdu railway, dont la partie essentielle proviendra des expéditions voyageant d'une extrémité à l'autre de la ligne.

De là cette conclusion que le Transsaharien doit avant tout revêtir un caractère franchement commercial, et que son exécution, si utile soit-elle au double point de vue politique et militaire, ne saurait être justifiée d'une manière satisfaisante que par l'ouverture de nouveaux débouchés à l'exportation de la mère-patrie et par l'établissement de la suprématie économique de la France sur de vastes et riches régions de l'intérieur africain.

*
* *

De ce qui précède se dégagent deux prémisses, fournissant le point de départ pour l'étude comparée des projets du Transsaharien.

En premier lieu, il est indispensable, dès le début, d'examiner l'entreprise dans son ensemble et de tabler sur sa réalisation intégrale. Ce serait mal poser la question que de diviser le chemin de fer en deux ou trois tronçons, à peu près indépendants, dont l'exécution successive pourrait être séparée par des intervalles plus ou moins longs. On substituerait ainsi une pénétration lente et indécise, avançant sans but final bien défini, à la marche rapide et sûre d'elle-même qui tend à franchir le désert le plus promptement possible, afin d'atteindre l'au-delà riche et bien peuplé.

D'autre part, — et c'est là la seconde prémisse, — cet au-delà ne saurait être que la vaste agglomération d'États et de royaumes dont le bassin du lac Tchad constitue le centre. Les quelques voyageurs qui ont visité ces pays en énumèrent avec enthousiasme les grandes ressources naturelles; ils insistent, en outre, sur l'existence d'une certaine culture intellectuelle et d'une demi-civilisation chez leurs habitants de race noire. Le Bornou, le Baghirmi et le Ouaday, fermés jusqu'ici à l'influence européenne, présentent donc un intérêt capital, en tant que nouveaux débouchés à ouvrir au commerce et à l'industrie du vieux monde. Avec sa clairvoyance habituelle, l'Angleterre n'a pas tardé à s'en rendre compte; aussi s'est-elle emparée de l'unique voie fluviale qui, par le bas Niger et la Bénoué, pénètre jusqu'au Soudan central, et croit-elle pouvoir étendre son action vers le Tchad, en vue de détourner à son profit les courants d'échanges qui seront alimentés par les régions environnantes.

L'importance économique qu'offrent celles-ci impose à la France le devoir de n'épargner aucun effort pour mettre la main sur les marchés encore libres. Mais les tentatives faites dans ce but par le Sénégal, autant que par le Congo, seront malheureusement frappées de stérilité, la route du Tchad à la mer étant beaucoup plus longue et plus difficile en suivant ces deux itinéraires, qu'en descendant la Bénoué et le bas Niger. Il ne reste donc à la France que la voie de terre vers le nord, c'est-à-dire le Transsaharien, et une étude récemment publiée par M. G. Rolland, dans *l'Économiste français* (1), a fait ressortir que ce dernier pourra non seulement soutenir avec succès la concurrence de la route fluviale et maritime anglaise, mais verra, en outre, passer sur ses rails un trafic assez intense pour qu'il fasse entièrement ses frais. Cette démonstration ne laisse plus subsister le moindre doute sur ce point essentiel que le bassin du lac Tchad doit être l'objectif à viser par la ligne ferrée.

Dès lors, la première condition à remplir par le tracé est celle de présenter un développement minimum. Il importe, en effet, de réduire jusqu'à l'extrême limite les frais de transport qui viendront grever les marchandises, afin d'accentuer la supériorité du chemin de fer sur la navigation et d'augmenter les avantages dont bénéficieront les expéditions directes vers l'Algérie. Or, un simple coup d'œil sur la carte suffit pour reconnaître qu'après avoir subi le détour forcé au pays d'Aïr, le trajet le plus court du Tchad à la Méditerranée se dirige par Bir Asiou sur Amguid, avec une faible inclinaison nord-ouest, pour remonter ensuite droit au nord jusqu'à Ouargla et même jusqu'à Biskra. Telle est l'orientation du tracé central de MM. le général Philebert et Rolland.

Sous le rapport de la longueur du parcours, l'infériorité de tous les

---

(1) Georges Rolland : *Le Trafic du Transsaharien (Économiste français* des 3, 10 et 17 janvier 1891). (Voir plus loin, chapitre VIII, page 51.)

autres projets est manifeste. Que si M. Bouty revendique pour le tracé occidental le mérite de la moindre distance à franchir (1), il s'appuie sur une comparaison qui pèche par la base. Car enfin, il adopte comme point extrême soit-Bouroum, soit Tinbouctou, et propose donc d'aboutir en un endroit à déterminer de la zone intermédiaire qui sépare les parties centrale et occidentale du Soudan. Mais ni l'un ni l'autre des centres indiqués ne saurait être un terminus ; leurs plus chauds partisans le reconnaissent, d'ailleurs, puisqu'ils prolongent le chemin de fer jusqu'au Tchad à l'est, jusqu'au Sénégal à l'ouest (2).

Étant donnée cette bifurcation, on se demande pourquoi il faut passer à Tinbouctou, du moment qu'il s'agit d'aller au Tchad. C'est une question vitale pour le Transsaharien, eu égard à la concurrence maritime par le Niger, que de suivre un itinéraire des plus directs vers le nord; il ne semble donc guère rationnel de lui faire décrire une boucle allongeant le trajet de 1,000 à 1,500 kilomètres. Deux motifs principaux sont invoqués en faveur de cette dernière solution, à savoir la nécessité de traverser le désert par le plus court et le plus vite possible, puis l'avantage d'opérer la jonction effective de l'Algérie et du Sénégal (3).

Ceux qui font valoir ces considérations pourraient bien être séduits par un double mirage. Il est acquis que l'établissement de la ligne ferrée ne saurait se justifier qu'en raison du rôle économique qui lui paraît réservé. En présence de cet état de choses, et afin que le railway réponde à sa destination, il faut l'orienter vers les régions de l'intérieur, susceptibles de fournir de nouveaux débouchés au commerce français, et non pas suivre *a priori* la direction qui coupe le Sahara dans sa plus faible largeur, sans s'inquiéter autrement de la valeur et de l'importance des territoires sur lesquels on viendra déboucher. Or, Tinbouctou ne possède plus aucun vestige de son ancienne splendeur, et Gogo, de même que Bouroum, n'a que le mérite de se trouver sur le Niger.

Précisément, réplique M. Soudrille, et avec lui M. Foureau, mais c'est là le point décisif, puisqu'il y a urgence pour la France à s'assurer la domination du fleuve depuis Bammako jusqu'aux chutes de Boussah. Que ce soit là un but à poursuivre sans retard, personne ne songe à

---

(1) Bouty : *Observations sommaires*, etc., p. 31.
(2) J. Soudrille : *La Question du Transsaharien* (Oran, 1890).
(3) Fau et Foureau : *Le Transsaharien*.

le contester; seulement, ce serait faire fausse route que de vouloir l'atteindre au moyen du Transsaharien. La boucle du Niger rentre entièrement dans la sphère d'influence du Sénégal, et les pays qu'elle comprend, le Macina, etc., doivent être drainés vers l'Atlantique. Rattacher ces mêmes territoires à l'Algérie par un chemin de fer, serait donc créer un regrettable antagonisme d'intérêts entre les deux grandes colonies de l'Afrique occidentale, qui, au lieu de se prêter un appui réciproque dans l'œuvre commune de la pénétration, se disputeraient les marchés, de Siguiri jusqu'à Say. A elle seule, l'éventualité d'un conflit aussi désastreux entraîne déjà la condamnation absolue de tout projet de Transsaharien aboutissant à Tinbouctou, et impose de très sérieuses réserves à l'égard des tracés se dirigeant sur Bouroum.

Aussi bien, est-ce une grave erreur que de préconiser la jonction directe de l'Algérie et du Sénégal par le désert. Chacune de ces colonies a le droit d'exiger qu'on lui réserve une action exclusive sur le « hinterland » qui lui appartient, tout en devant se soumettre à l'obligation de faire concourir ses efforts au résultat final visé par la politique française.

*Réunir en un tout l'Algérie, le Sénégal et le Congo, par le Sahara touareg et par le Soudan central et occidental*, telle est la définition claire et nette, donnée par MM. le général Philebert et Rolland pour le programme d'ensemble à réaliser. Or, celui-ci repose complètement sur l'établissement du Transsaharien vers le Tchad. La sphère d'attraction de la ligne ferrée ainsi construite s'étendra à l'ouest jusqu'au coude du Niger, où elle touchera celle des rivières de la côte occidentale, et se développera dans le sud à travers le Baghirmi, pour prendre contact avec les territoires tributaires des fleuves du Gabon-Congo. On arrivera de cette manière à la juxtaposition de trois zones d'influence bien distinctes, dont l'ensemble constituera le vaste domaine placé sous la suprématie économique de la France.

*
* *

Les promoteurs des tracés ayant pour objectif le Niger arguent tous de la nécessité de passer en premier lieu à Insalah. Il est même permis de dire qu'aux yeux de la plupart d'entre eux, la ligne du Touat et du Tidikelt forme la partie essentielle de l'entreprise, dont la continuation ultérieure vers le Sud n'a été que très sommairement étudiée. Il résulte de là qu'en concentrant presque exclusivement l'attention sur la valeur de l'Oued Messaoura, on perd de vue le Soudan et le but réel du chemin de fer. Ainsi, M. Bouty n'examine que le tronçon Aïn Sefra-Igli-Temadinin, en consacrant à peine quelques mots aux sections suivantes jusqu'à Tinbouctou ou à Bouroum. De même, il ne prend en considération, pour le projet visant le lac Tchad, que le parcours Biskra-Ouargla-Amguid, et c'est sur des données aussi fragmentaires qu'il entend baser une critique comparée des deux itinéraires proposés pour le Transsaharien.

Une telle manière de procéder paraît inadmissible, car elle conduit forcément à une appréciation erronée. L'importance plus ou moins grande d'un centre, à desservir en passant, ne saurait exercer une influence prépondérante sur la direction générale de la ligne ferrée, et c'est prendre la question à rebours que de subordonner celle-ci à celle-là. Il ne faut pas se demander à quel groupe d'oasis on pourrait bien aller tout d'abord, puis s'occuper après de savoir comment, de l'endroit où l'on sera parvenu, il y aura lieu d'effectuer la traversée du désert. Avec cette méthode, on court le risque de sacrifier l'objectif principal à des considérations certainement intéressantes, mais néanmoins secondaires.

C'est ce qui arrive à MM. Fau et Foureau, lorsqu'ils établissent un parallèle entre Amguid et Insalah pour motiver leur variante de Ouargla au Tidikelt. Ce parallèle ne peut être accepté sans les réserves les plus expresses, mais il serait exact qu'il ne prouverait rien, et ne jetterait aucun poids dans la balance. L'orientation du tracé dépend uniquement du terminus assigné au Transsaharien et, encore une fois, ce n'est pas la préoccupation de passer par telle ou telle oasis intermédiaire, qui puisse déterminer le remaniement complet des dispositions arrêtées en vue de la pénétration directe au Soudan central.

Mais les défenseurs des projets par Insalah se placent, de fait, sur un autre terrain. Ils négligent quelque peu le programme d'ensemble, et considèrent volontiers le Touat méridional comme tête de ligne provisoire. Toute leur argumentation se rattache, en définitive, à cet ordre d'idées. Dès lors, il ne s'agit plus du Transsaharien, mais simplement d'un chemin de fer du Sud algérien, ce qui est bien différent, car celui-ci ne présente qu'un intérêt plutôt local, tandis que celui-là revêt le caractère d'une entreprise nationale. Le premier servira surtout à dénouer les affaires sud-oranaises et marocaines ; le second deviendra l'axe de la politique française en Afrique. Aucune comparaison ne paraît possible entre deux projets à ce point dissemblables. La ligne du Touat, qu'elle soit lancée par Aïn Sefra, Ouargla, ou El Goléa, aura son incontestable utilité, mais elle aura une existence propre et restera indépendante du grand railway destiné à mettre l'Algérie aux portes de la région du Tchad.

D'ailleurs, et afin de fournir une nouvelle preuve à l'appui de cette manière de voir, il convient de faire observer qu'une fois arrivé à Insalah, on se voit obligé, pour avancer davantage, de continuer sur le Niger. D'où cette conclusion, qu'en se décidant à pousser le rail jusqu'au Touat, on s'engage en même temps, et complètement, pour la direction du prolongement ultérieur. Et cela, sans qu'aucune considération relative à cette dernière question ait pu intervenir, puisque les arguments invoqués en faveur de la marche sur le Tidikelt et les oasis de l'Oued Messaoura ne visent que l'importance de ces territoires mêmes, ainsi que les bénéfices de toute nature à retirer de leur occupation. Cette constatation fait ressortir à quel point les vues d'ensemble et le véritable but du chemin de fer ont été relégués au second plan pour l'élaboration des tracés par Insalah. Ceux-ci comportent la renonciation définitive à la conquête économique du Soudan central, c'est-à-dire à l'idée maîtresse du Transsaharien qui a présidé à l'étude par Amguid et l'Aïr.

Il faut, toutefois, excepter le projet de M. le commandant Deporter (1), qui, saisissant fort bien la portée de cette objection, propose de se diriger vers Agadès au sortir du Touat. Mais, outre qu'en prenant ainsi en écharpe le Sahara central, on traverserait des régions particulièrement arides et qu'aucun voyageur européen n'a encore parcourues, il est permis de demander pour quel motif on allongerait d'au moins 600 kilomètres, grâce au crochet par Insalah, le trajet de Biskra au pays d'Aïr. Est-ce que le trafic du Touat pourrait compenser les pertes que subirait inévitablement le trafic soudanais, à la suite de l'accroissement correspondant des frais de transport ? Il saute aux yeux que non, et, dans ces conditions, l'abandon du détour par les oasis du Tidikelt s'impose d'une manière péremptoire.

***

Le seul tracé vraiment transsaharien est donc celui qui passe par Ouargla et l'Aïr pour aboutir au lac Tchad, car c'est le seul dont

(1) Deporter : *L'Extrême-Sud de l'Algérie* (Alger, 1890).

l'adoption déterminera réellement l'ouverture de nouveaux débouchés, suffisamment importants, à l'industrie et au commerce français. Il faudrait l'adopter en raison de ses avantages économiques, même s'il y avait lieu de lui reprocher quelque infériorité d'un autre ordre par rapport aux tracés rivaux. Or, tel n'est pas le cas, puisque la direction centrale l'emporte également sur celles de l'est ou de l'ouest, au triple point de vue politique, stratégique et technique.

En présence de l'état actuel de l'Europe et après les récents mouvements d'opinion en Espagne et en Italie, il paraît superflu de s'étendre longuement sur les considérations diplomatiques qui déconseillent, d'une part, l'exécution de la ligne d'Aïn Sefra au Touat, et font écarter, d'autre part, d'une manière définitive, le projet tunisien reliant Bou-Grara à Rhadamès et à Rhat. Aussi bien, les partisans du tracé occidental ne traitent-ils que superficiellement ce côté de la question. M. Bouty se contente de renvoyer au traité de 1845 et d'affirmer que le Maroc ne soulèvera aucune complication internationale.

Cela semble au moins douteux, eu égard aux intérêts que l'Espagne, l'Angleterre et même l'Allemagne ont ou croient avoir dans l'empire chérifien. D'autre part, l'occupation de Rhadamès et de Rhat, dont dépend l'exécution du tracé oriental, peut être considérée comme irréalisable. Lorsque M. Blanc la proposait, il y a dix-huit mois (1), cet ingénieur faisait déjà trop bon compte des répugnances de la Turquie à céder la moindre parcelle de territoire musulman, et il ne prévoyait certainement pas la polémique actuelle des journaux italiens, qui ne laisse aucun doute sur l'accueil réservé à un empiètement quelconque sur la Tripolitaine. Le tracé traversant une partie de cette province se trouve donc, de ce fait, irrémédiablement condamné. Le projet central, passant à Amguid, emprunte l'unique itinéraire vers le sud qui soit encore complètement libre. Or, comme le fait observer M. de Vogué (2), si l'on joue une partie aussi grosse que le Transsaharien, il faut au moins la jouer chez soi.

Le rôle stratégique du chemin de fer porte sur la solution de la question touareg. M. Foureau estime que le nœud de cette question est à Insalah, grenier des nomades du désert, qui ne peuvent pas vivre sans le groupe des villages du Tidikelt. Cette appréciation ne

(1) Communication à la Société de Géographie. Séance du 10 mai 1889.
(2) *Revue des Deux Mondes*, numéro du 1er novembre 1890. — *Les Indes noires*.

semble pas exempte d'exagération. M. Le Châtelier (1) rapporte que les Ahaggar fréquentent le marché de Rhadamès et tirent des approvisionnements de Rhat ; M. Bissuel (2) constate que leurs caravanes vont dans l'Aïr par la route d'In-Azaoua. On n'atteindra donc nullement les Touareg en plein cœur en leur fermant l'accès d'Insalah, puisqu'ils possèdent d'autres centres de ravitaillement, vers lesquels ils ont la faculté de se retourner.

Quant à la qualification de clef du désert, le Tidikelt ne la mérite certainement pas, car il ne commande, en somme, que la route directe de Tinbouctou. Les grands itinéraires du Sahara central se développent en dehors de son rayon d'action ; par contre, une ligne ferrée qui de Ouargla ira droit à Tintelloust, les recoupera sans exception en des points d'eau importants. Cette ligne constituera par conséquent le puissant instrument de domination dont on parle ; grâce à elle, la France sera maîtresse de l'ensemble des voies de communication entre l'est et l'ouest. Aucun détour, quoi qu'on dise, ne permettra aux Touareg de se soustraire à cette surveillance, d'autant plus que, par Amguid et la Sebkha d'Amadrhor, on tiendra la partie centrale de leur territoire.

En abordant, finalement, les considérations techniques, il convient d'insister sur l'avantage résultant pour le tracé central de la reconnaissance exécutée sur le terrain jusqu'au delà d'Amguid. La première mission Flatters a constaté la possibilité d'établir le railway *sur plus de 1,000 kilomètres au sud de Ouargla, sans aucune difficulté*, sans avoir à surmonter un seul instant l'obstacle des sables et avec de l'eau facile à trouver partout. Ce simple énoncé des faits suffit pour répondre à une série d'objections formulées tant par M. Bouty que par MM. Fau et Foureau. Ceux-ci ajoutent encore qu'on ne rencontre rien sur le parcours de Ouargla à Amguid. Cela n'est pas exact. puisqu'on passe à El Biodh et à Timassinin ; mais, au surplus, que trouve-t-on sur le trajet de Ouargla à Insalah ? peut-être même pas de l'eau.

En ce qui regarde le tracé occidental, sa traversée du grand Erg n'a pas été étudiée, et l'existence d'une trouée semblable à celle de Mokhanza paraît fort problématique. Il y a là une cause d'infériorité presque certaine à l'égard du tracé central, auquel appartient décidément le premier rang, à quelque point de vue qu'on se place.

A. Fock.

---

(1) *Description de l'oasis d'Insalah* (Alger, 1886).
(2) *Les Touareg de l'Ouest* (Alger 1888).

# VI

## TERRAIN DE CONCILIATION ENTRE ALGER ET CONSTANTINE POUR LE CENTRAL TRANSSAHARIEN

*Lettre au Directeur du* Siècle *(7 février 1891).*

Paris, le 6 février.

Mon cher Directeur,

J'ai lu avec beaucoup d'intérêt dans le *Siècle* (nos du 25 janvier et des 2 et 5 février) l'étude remarquable de M. l'ingénieur Fock sur les tracés du Transsaharien, et je ne peux que remercier l'auteur d'avoir mis de nouveau en lumière, avec une grande force de persuasion, les raisons d'intérêt général et d'ordre supérieur qui militent en faveur du tracé central et direct par Biskra, Ouargla et Amguid vers les régions du Tchad, tel que M. le général Philebert et moi l'avons proposé.

Cette critique impartiale, présentée de haut par un homme compétent, repose des controverses passionnées auxquelles la question des tracés a donné lieu, et qui n'étaient que trop souvent et trop visiblement inspirées par des compétitions locales ou des rivalités personnelles.

Je tiens cependant à rappeler que notre tracé central n'est pas exclusif, ni comme objectif, ni comme point de départ.

L'orientation directe du Transsaharien vers les régions du Tchad est incontestablement d'une portée bien plus grande, au double point de vue économique et politique, que l'orientation vers les régions du Niger ; mais le tracé central par Amguid donne également satisfaction aux partisans du rattachement de l'Algérie au Sénégal, ainsi que je l'ai montré.

D'autre part, bien que Biskra soit, en l'état actuel d'avancement des chemins de fer de pénétration vers le sud algérien, le point forcé où doivent commencer les travaux, le Central-Transsaharien intéresse tout autant la province d'Alger que la province de Constantine. Il est assez naturel que la province de Constantine ait défendu plus particulièrement ce tracé, puisque le premier tronçon à exécuter se trouve chez elle ; mais le même tracé direct vers le Tchad compte également à Alger des partisans convaincus, qui ont cherché les moyens pratiques d'y rattacher facilement la capitale de l'Algérie. A cette fin, M. l'ingénieur Vivarez a proposé une variante, sur laquelle M. Fock n'insiste peut-être pas assez : on prolongerait la ligne de pénétration d'Alger-Boghar vers le sud jusqu'au delà de Djelfa, et l'on obliquerait ensuite au sud-est par l'Oued Tademit, puis par l'Oued Retem, vers la région centrale de l'Oued Rir', où l'on se grefferait sur la ligne Biskra-Tougourt-Ouargla.

Autant j'ai combattu les anciens tracés de Transsaharien par Alger (qui, en effet, n'étaient pas soutenables), autant je reconnais que ce nouveau projet de raccordement, fort bien conçu, mérite sérieusement considération. Je m'y rallie.

La définition complète du vrai Transsaharien français devient ainsi :

**Transsaharien central et direct par l'Igharghar (Ouargla-Amguid), se rattachant, d'une part, vers le nord, aux chemins de fer algériens par Tougourt sur Biskra et par Djelfa sur Alger, et se dirigeant, d'autre part, vers le sud, sur les régions du Tchad** (ou **éventuellement, vers le sud-ouest, sur le coude du Niger**).

Dans l'avenir, on peut prévoir aussi un embranchement de Biskra par les chotts tunisiens sur Gabès. L'influence économique du Central-Transsaharien s'épanouirait ainsi sur tout notre littoral, d'Alger à Gabès et réciproquement.

Veuillez agréer, etc.

GEORGES ROLLAND.

# VII

## RÉPONSE A M. BEAU DE ROCHAS. — LE RÉSEAU SAHARIEN

*(Extrait de la* Revue scientifique *du 20 juin 1891.)*

Ce qui nuit le plus à la cause du Transsaharien, ce sont les projets gigantesques de réseaux sahariens et de transcontinentaux africains que, depuis quelque temps, on croit devoir ajouter à la conception primitive. En effet, l'exécution d'une ligne ferrée de l'Algérie au lac Tchad, avec prolongement éventuel du rail jusqu'au Gabon-Congo, constitue déjà une entreprise suffisamment vaste, de nature à exiger la mise en œuvre absolue de toutes les forces et de toutes les ressources d'une grande Compagnie coloniale. Vouloir aller plus loin et se complaire dans l'exposé de programmes grandioses, ne présente donc aujourd'hui qu'un intérêt purement théorique et risque, par surcroît, de détourner pour longtemps les capitaux français du chemin de fer à travers le désert. Or, le moment d'agir est venu ; car — et c'est là un point sur lequel on ne saurait trop insister — le Transsaharien se fera à bref délai ou il ne se fera jamais. Devant ce dilemme, il importe, non pas de développer des propositions d'une envergure extraordinaire, mais de trouver une solution pratique, susceptible d'une application immédiate.

Ces réflexions me sont suggérées à nouveau, et d'une manière toute spéciale, par la lecture de l'article sur le réseau saharien qu'a fait récemment paraître ici-même M. Beau de Rochas (1). Cet auteur, arguant de la position favorable de l'Afrique sur le globe, prétend que les

(1) *Revue scientifique* du 25 avril 1891.

grandes lignes de transit entre l'Europe et une partie considérable du monde entier devront, tôt ou tard, passer par le continent noir et emprunter la traversée du désert. En conséquence, il prévoit un réseau continental africain, dont trois artères, venant de Mozambique, du rio Nunez, du ras Hafoun, et aboutissant sans exception au tronc central saharien, constitueraient l'ossature fondamentale.

Ce projet colossal, j'ai le regret de le dire, me paraît reposer sur une conception absolument fausse.

D'abord, ces lignes de transit, telles que les comprend M. Beau de Rochas, revêtiraient forcément un caractère international, au moins pour ce qui est de celles de l'Est et du Sud. Or, il paraît plus que douteux que l'Angleterre, l Allemagne, l'Italie et le Portugal consentent jamais à prêter leur concours à la construction et à l'exploitation de pareilles voies ferrées, grâce auxquelles la France, établie en Algérie, au Sénégal et dans le Sahara, serait maîtresse absolue des grandes routes commerciales du monde. Bien au contraire, la politique anglaise n'a-t-elle pas toujours et partout poursuivi la création d'itinéraires exclusivement britanniques ?

Il est vrai que, dans l'espèce, elle ne verrait pas grand inconvénient à la réalisation des projets de M. Beau de Rochas, pourvu, toutefois, que les capitaux anglais n'y fussent pas engagés. Car enfin, c'est s'abandonner à une véritable illusion que de compter sur un transit quelconque, à travers le continent africain, suivant les trois directions indiquées.

La première irait de la rive orientale du lac Tchad à la côte de Mozambique, en passant par les extrémités nord des lacs Tanganyika et Nyassa. Elle serait appelée à desservir le trafic de Madagascar, de la Réunion et de Maurice, ainsi que celui du sud-est de l'Australie.

On peut affirmer que ces prévisions ne se réaliseront, en aucun cas, pour le continent australien, Que si l'on veut, plus tard, réduire au minimum la durée des transports maritimes, alors le nouveau port d'attache sera nécessairement choisi dans le sud de l'Hindoustan, beaucoup moins éloigné de Perth et d'Adélaïde que la côte orientale d'Afrique. Cette solution s'imposera d'autant plus qu'il suffira du raccordement de Douchak sur le Transcaspien et de Kandahar dans l'Afghanistan, pour établir des communications directes entre les réseaux ferrés d'Europe et de l'Inde. Il ne restera donc au Grand Central africain de M. Beau de Rochas que le trafic de Madagascar, de la Réunion et de

Maurice, et encore faudra-t-il que les tarifs puissent soutenir la lutte contre le fret, ce qui semble peu probable. Cela n'est vraiment pas assez pour justifier la qualification de grande ligne de transit.

La seconde de ces lignes partirait des environs du rio Nunez, dans la région des rivières du Sud, et se dirigerait par Kita sur Tinbouctou, d'où elle irait rejoindre, à El-Amedjel, le tronc central saharien. Elle verrait passer sur ses rails les courants d'échanges entre l'Europe, d'une part, l'Amérique du Sud et le Soudan occidental, d'autre part.

Malheureusement, c'est là une hypothèse absolument gratuite. Le fret maritime de Buenos-Ayres ou de Montevideo au rio Nunez sera évidemment inférieur au fret jusqu'à Bordeaux ou à Marseille; mais le faible bénéfice ainsi obtenu ne saurait compenser les frais de deux transbordements et d'un parcours de 4,000 kilomètres sur voie ferrée. La seconde artère ne serait donc pas mieux partagée que la première, en ce qui concerne, tout au moins, les marchandises.

Quant à la troisième, du ras Hafoun au lac Tchad, elle deviendrait, à en croire M. Beau de Rochas, la grande ligne des Indes, de l'Indo-Chine et de l'extrême Orient.

Je suis désolé d'avoir à constater que, sur ce point encore, l'auteur est complètement dans l'erreur. A supposer avec lui qu'on en arrive à s'affranchir, autant que possible, des traversées maritimes, les Indes auront à leur disposition le railway direct par l'Afghanistan et celui qui reliera la vallée de l'Euphrate aux ports de l'Asie Mineure. De son côté, la Chine trouvera à ses portes le Transsibérien, dont pourront également se servir le Japon et l'Indo-Chine. Ces derniers pays, du reste, se sont vu ouvrir tout récemment des communications rapides par la route du Canada, communications qui mettent aujourd'hui Yokohama à vingt jours de Londres. En faut-il davantage pour démontrer que la ligne du ras Hafoun au lac Tchad n'aura jamais la moindre raison d'être ?

En résumé, le réseau continental africain, tel que l'a tracé M. Beau de Rochas, est un rêve, rêve brillant, je le veux bien, mais très certainement irréalisable. En Afrique, il ne saurait être question de lignes de premier ordre, destinées au transit ; seuls, les chemins de fer de pénétration sont appelés à jouer, dans ce continent, un rôle considérable. C'est pour avoir perdu de vue cette vérité fondamentale que l'auteur du réseau saharien a fini par établir un programme qui ne résiste pas à la critique.

Voilà donc l'entreprise du Transsaharien ramenée à ses véritables proportions. Le ruban de fer à travers le désert n'aura d'autre but que de donner accès au Soudan central, et de mettre la France à même de canaliser à son profit les courants commerciaux des riches pays de l'intérieur. Cette conception purement simpliste, comme l'appelle M. Beau de Rochas, me paraît la seule rationnelle; loin d'être inspirée par les intérêts locaux ou le particularisme algérien, elle présente, au contraire, un intérêt national français, et c'est ce qui constitue sa plus grande force. Reste à savoir comment, et dans quelles conditions, il faudra la réaliser.

A ce propos, M. Beau de Rochas aborde la question technique de la traversée du désert. Il commence par se dire le proto-père du tracé central, — satisfaction que je lui accorde volontiers, — puis il abandonne ce tracé pour lui en substituer un autre par Hassi-Messeguem et El-Amedjel.

J'avoue n'avoir pu réussir à comprendre les motifs qui ont déterminé ce changement de front. M. Beau de Rochas se base sur ce que la récente mission de M. Foureau au Tademayt aurait découvert le passage le plus avantageux du Sahara algérien au Sahara nigérien. En effet, cette mission a reconnu qu'on peut se rendre de Ouargla à El-Messeguem par une route libre de dunes. Or, le col d'El-Messeguem se trouve à la moindre altitude et à peu près au milieu sur le profil en travers de Rhat à Figuig : c'est donc le passage obligé d'un versant à l'autre du Sahara. De là, toujours d'après M. Beau de Rochas, on peut aussi bien se diriger vers In Salah par l'oued Massin, que contourner l'Ahaggar par le plateau du Mouydir, en allant rejoindre la route d'In Salah à Asiou par l'oued Tin Tarabin.

Cette dernière proposition ne tend à rien moins qu'à augmenter d'environ 500 kilomètres la longueur du tracé jusqu'à Bir Asiou. Il faudrait donc des raisons bien concluantes pour la faire accepter.

Or, le seul et unique motif qu'invoque M. Beau de Rochas vise la nécessité d'éviter le passage de l'Ahaggar en montagne. Personne, à son avis, n'admettra qu'il soit opportun de franchir un obstacle, probablement d'une hauteur considérable, alors qu'il est possible de le tourner.

Il y a là une erreur et un malentendu. Le tracé Rolland — M. Beau de Rochas me permettra de donner au tracé central le nom du promoteur actuel qui, seul, a su mener une campagne sérieuse et efficace en sa faveur — ne traverse nullement le massif de l'Ahaggar; il le contourne à l'est, tout en gardant la direction nord-sud, tandis que le nouveau tracé proposé fait un long détour vers l'ouest pour doubler le Mouydir et gagner le reg Adjemor.

En ce qui regarde l'altitude à laquelle il faudra s'élever, les observations faites au cours de la deuxième mission Flatters ont permis de constater qu'Amguid se trouve à la cote 595, et le profil en long dressé par l'ingénieur Béringer a fourni la preuve qu'à partir de Ouargla on n'aura pas à employer, en remontant l'oued Igharghar, des déclivités supérieures à $0^m$, 005. Au sud d'Amguid s'étend la plaine unie de reg où, dit Flatters (1), un chemin de fer pourra toujours être établi avec la plus grande facilité. Et le lieutenant-colonel ajoute textuellement (2) : « L'entrée du reg d'Amadrhor étant déjà reconnue, et son extrémité sud devant l'être bientôt par la reconnaissance du changement de pente des oueds allant au Soudan, *si la ligne de faîte est réellement peu sensible, comme tout porte à le croire*, la question se trouvera résolue. »

Ceci me paraît suffisamment clair et concluant. Pourquoi, dès lors, M. Beau de Rochas condamne-t-il le tracé Rolland? Quels sont les avantages décisifs de la nouvelle solution qu'il préconise?

D'après M. Foureau (3), la ligne de faîte près de Hassi-Messeguem atteint la cote 542, soit une altitude inférieure de 50 mètres seulement à celle d'Amguid, ce qui est insignifiant. Et pour obtenir un abaissement aussi peu considérable, on se verrait obligé de construire le chemin de fer dans la région entre l'oued Miya et le Maader (4), dont Flatters donne la description peu attrayante que voici (5) : « Le pays est montagneux, très difficile ; les oueds, très encaissés, coulent en moyenne tous les trois ans. Si on passe en dehors des oueds, on a le rocher mouvementé, nu et aride, sans compter les gros accidents de terrain ; si on passe dans les lits d'oueds, on peut être emporté, le cas échéant, par une crue. *Vous voyez que, pour un chemin de fer, ce n'est pas très pratique.* »

Au nord de Hassi-Messeguem, et notamment dans le Maader, la

(1) DERRÉCAGAIX : *Les Deux Missions Flatters*, p. 110. L'altitude moyenne de cette plaine est évaluée par Flatters à 500 mètres au-dessus du niveau de la mer.

(2) DERRÉCAGAIX : *Les Deux Missions Flatters*, p. 115.

(3) *Une Mission au Tademayt*, p. 59.

(4) Le tracé de M. Beau de Rochas se dirigeant vers Metlili devra, en effet, passer par Hassi-Inifel.

(5) DERRÉCAGAIX : *Les Deux Missions Flatters*, p. 92.

deuxième mission Flatters a complètement étudié le nouveau tracé de M. Beau de Rochas. Celui-ci s'appuie sur les résultats de l'exploration de M. Foureau, qui a reconnu la possibilité d'établir un chemin de fer de Ouargla à In Salah sans rencontrer une seule dune gênante. Depuis Flatters, on était déjà fixé sur ce sujet, en ce qui concerne la traversée du Maader; seulement, le lieutenant-colonel qui décrit (1) cette région, coupée par vingt et un oueds, comme un triste pays, a nettement déconseillé d'y faire passer le Transsaharien. Or, cet avis a d'autant plus de poids qu'il a été, pour ainsi dire, la conclusion d'une étude comparée avec le tracé par l'oued Igharghar, parcouru lors de la première mission. Cette circonstance, jointe au fait que les ingénieurs Béringer et Roche partageaient les idées de leur chef, donne à l'opinion de Flatters une autorité exceptionnelle, qui manque forcément à l'avis de M. Foureau. Ce dernier a accompli un voyage très hardi et très intéressant; sa traversée de l'Erg, notamment, mérite tous les éloges. Mais au point de vue spécial des railways sahariens, il n'a fait qu'une seule constatation nouvelle, à savoir celle de l'existence d'un terrain favorable à la pose des rails entre Ouargla et Tilmas El Messeyed, à l'entrée du Maader. Or, cette constatation ne présente une réelle importance qu'à l'égard de la ligne directe de Ouargla à In Salah elle n'a aucun intérêt pour le tracé de M. Beau de Rochas, puisque ce dernier, au sortir du Maader vers le nord, se dirige sur Metlili et ne passe donc pas à Ouargla.

Rien ne justifie, par conséquent, l'abandon du tracé Rolland en faveur de celui passant à Hassi-Messeguem, car il est à peine besoin de faire ressortir qu'au sud de ce dernier point, on ne possède aucun renseignement précis relatif à l'itinéraire contournant le Mouydir et se dirigeant vers Asiou par El-Amedjel. Pas un seul voyageur européen n'a encore suivi cette route; on s'y trouve donc en plein inconnu.

Enfin, les conclusions formulées contre le tracé de M. Beau de Rochas s'appliquent avec autant de force à la partie algérienne qu'à la partie saharienne. Faisant abstraction des chemins de fer déjà construits, l'auteur place à Metlili la bifurcation principale vers le nord, oriente la branche ouest sur Laghouat, où il prévoit la bifurcation secondaire d'Alger et d'Oran, et mène la branche est dans la direction de Djidjelli en passant par El-Amri (Zibans), Barika (le Hodna) et Sétif.

(1) Derrécagaix : *Les Deux Missions Flatters*, p. 97.

Ainsi donc, le rail a été poussé jusqu'à Biskra au seuil du désert; la traversée de la région montagneuse qui sépare le Sahara de la mer a été accomplie, dans de bonnes conditions et dans la zone de la moindre largeur, entre Biskra et Philippeville; enfin, à l'origine du chemin de fer sur la Méditerranée, se trouve un port bien situé, dont l'outillage se complète tous les jours; et M. Beau de Rochas propose de ne pas utiliser l'ensemble de ces travaux, mais d'établir une ligne presque parallèle, à 100 ou à 150 kilomètres vers l'ouest! Ce serait le cas, il me semble, de parler de millions dépensés en pure perte. D'autant plus que la nouvelle ligne devrait franchir, entre Sétif et Djidjelli, une région excessivement difficile et tourmentée, où, d'après les études faites par les ingénieurs du département de Constantine, la construction d'un simple railway d'intérêt local entraînerait déjà des dépenses exorbitantes. Et si, au moins, le chemin de fer projeté partait d'un point particulièrement favorisé sous le rapport des installations maritimes! Mais son origine se trouve à Djidjelli, où il n'y a même pas encore un port et où tout reste à faire!

De pareilles propositions ne paraissent guère pratiques et vont à l'encontre du but qu'elles visent. Qu'on le veuille ou non, Biskra est actuellement le seul point d'où le rail puisse être lancé sans retard à travers le désert, et cette oasis restera toujours la gare saharienne la plus rapprochée du littoral. Ce sont ces considérations d'ordre général, dans lesquelles les intérêts locaux n'ont rien à voir, qui imposent le choix de Biskra comme origine des travaux du Transsaharien et justifient la partie algérienne du tracé Rolland. Le raccordement de Boghar par Djelfa sur Tamerna fera ensuite d'Alger l'autre tête de ligne (1) et donnera ainsi satisfaction aux légitimes aspirations de la capitale de l'Afrique française du Nord.

A. Fock.

(1) Voir plus haut chapitre VI, page 42, la définition complète du Central-Transsaharien, avec raccord d'Alger par Djelfa.

# VIII

## LE TRAFIC DU TRANSSAHARIEN. — CONCURRENCE DES VOIES NAVIGABLES ET COMPARAISON DES FRAIS DE TRANSPORT

*(Extraits de* l'Économiste français *des 3, 10 et 17 janvier 1891.)*

Les chances de trafic du Transsaharien rencontrent beaucoup d'incrédules. Je crois, au contraire, que cette voie ferrée, reliant l'Algérie au Soudan, est destinée à devenir une artère commerciale de premier ordre, surtout si elle est dirigée vers le lac Tchad, — et si l'on se décide enfin à l'entreprendre avec résolution et continuité.

En faire la preuve formelle, complète, est évidemment impossible. Mais on peut, quand on étudie les éléments de la question, se faire à cet égard une conviction. Je voudrais mettre en lumière les raisons sur lesquelles s'appuie la mienne, et démontrer brièvement aux esprits non prévenus que le Transsaharien, considéré en lui-même, en tant qu'opération financière, constituera, pour le moins, une entreprise viable et rémunératrice, — et cela indépendamment des bénéfices incommensurables que notre commerce et notre industrie en retireront. — Tel est le but du présent exposé.

L'exploitation du Transsaharien comportera deux services nettement distincts. Le premier présentera un caractère local, pour ainsi dire, et correspondra au trafic alimenté par les gares intermédiaires établies dans le Sahara. Le second s'occupera des expéditions entre les stations extrêmes de la ligne, et assurera les communications directes de la France avec le Soudan Central. L'un se rapportera à ce que j'appellerai le *trafic saharien,* l'autre embrassera le *trafic soudanais.*

Je vais examiner successivement les éléments de ce double trafic. Ainsi qu'on le verra, le trafic saharien sera loin d'être négligeable; cependant, il ne fournira jamais qu'un appoint à l'entreprise sous le rapport financier, et la source principale des recettes du chemin de fer se trouvera dans le trafic soudanais, dans le mouvement d'échanges que le Transsaharien provoquera entre la France et les régions du lac Tchad.

J'ajouterai quelques mots au sujet du *trafic des voyageurs*.

I. Trafic Saharien. — Et d'abord, est-on fondé à prévoir la création de plusieurs marchés d'échanges et de ravitaillement le long de la voie ferrée ? Oui, si l'on considère le tracé partant de Biskra et se dirigeant par Amguid vers les régions du lac Tchad. Car ce tracé recoupe toutes les grandes routes de caravanes qui sillonnent la partie centrale du désert, et à chaque point d'intersection se formera nécessairement un foyer commercial. Voici, d'ailleurs, l'énumération des localités où se développera un mouvement de quelque importance :

| Marchés. | Itinéraires commandés par chaque marché. |
| --- | --- |
| Ouargla . . . . . . . . . . . . . | Laghouat et le Mzab à Rhadamès. |
| El Biodh-Timassinin . . . . . . | In Salah à Tripoli par Rhadamès. |
| Amguid et Sebkha d'Amadrhor. | In Salah à Rhat par Amguid au nord et par Idelès au sud. |
| Bir-Asiou et In-Azaoua . . . . | Routes d'In Salah, de Rhat, d'Idelès, de Bilma et de Tao (pays des Tibesti). |
| Tintelloust et Agadès . . . . . | Sokoto a Bilma par Agadès. Routes de Kano et de Bouroum. |

Quant à l'itinéraire du lac Tchad à Tripoli par Bilma, Mourzouk et le Fezzan, il ne pourra soutenir la concurrence du Transsaharien et sera bientôt complètement abandonné.

Le tableau ci-dessus fait clairement ressortir ce fait, que l'on sera, grâce au Transsaharien vers le Tchad, maître des principales routes du désert. On en tiendra, en effet, les points d'eau les plus abondants et les mieux situés, auprès desquels les caravanes, qu'elles le veuillent ou non, sont obligées de passer. Si l'on établit des centres d'approvisionnement aux abords des gares correspondantes, ces caravanes ne manqueront pas de s'y arrêter et d'y échanger une partie des marchandises qu'elles transportent. Cela est d'autant plus certain que les expéditions par voie ferrée feront naître un bon marché relatif, inconnu jusqu'ici; rien ne saurait prévaloir contre ce résultat indiscutable.

*Trafic local avec l'Algérie.* — Je ne dirai que quelques mots du premier tronçon de Biskra-Tougourt-Ouargla, dont personne ne conteste l'utilité immédiate et au sujet duquel on peut faire des prévisions assez précises.

J'estime que la première section de Biskra à Tougourt donnera, dès son ouverture ou à peu près, une recette brute kilométrique d'au moins 2,500 francs par an (rien qu'en tenant compte de l'exportation des dattes, de l'importation des céréales et des divers éléments du trafic local de la région de l'Oued Rir' avec l'Algérie) (1). J'évalue ensuite à 2,000 francs environ la recette kilométrique de la seconde section de Tougourt-Ouargla, dans les débuts (en supposant la création d'un marché convenablement organisé à Ouargla). Enfin, je considère qu'au bout de peu d'années, cette ligne de Biskra-Ouargla, envisagée isolément, couvrirait facilement ses frais d'exploitation, en mettant ceux-ci à 3,000 francs par kilomètre. Mais ces indications ne tiennent aucun compte de l'accroissement du trafic qui résultera du développement des relations avec l'intérieur, par suite du prolongement du Transsaharien vers le sud (1).

Supposons maintenant le Transsaharien prolongé jusqu'à El Biodh-Tìmassinin, et voyons quel sera déjà son effet économique sur les régions environnantes.

Actuellement, le voyage de Tripoli à In Salah s'effectue en quarante-cinq ou cinquante jours, et les caravanes demandent 200 francs par charge de chameau, soit par 150 kilogrammes; la tonne revient donc à 1,300 ou 1,400 francs. Mais, lorsque le rail aura été poussé jusqu'à El Biodh, les 1,100 kilomètres qui séparent ce point de Philippeville seront franchis en trois ou quatre jours, et ne coûteront plus, au tarif de 0 fr. 05 c., que 60 francs environ par tonne. Ajoutons les frais de transport par caravane sur les 600 kilomètres restants, entre El Biodh et In Salah, frais qui, au taux de 1,400 francs à partir de Tripoli, s'élèveront à peu près à 550 francs la tonne. Somme toute, la dépense exorbitante qu'entraînent les envois de la Méditerranée à In Salah, se trouvera réduite de plus de moitié, du moment que les caravanes pourront prendre leurs marchandises au marché d'El Biodh, gare du Transsaharien.

---

(1) La ligne de Batna à Biskra, qui n'est ouverte que depuis deux ans et demi à l'exploitation, donne une recette brute kilométrique d'environ 4,000 francs par an. Ce résultat confirme les affirmations que j'avais émises avant l'ouverture de ladite ligne.

(2) Autrement dit, le présent exposé ne comporte aucun double emploi.

Des calculs analogues s'appliquent aux autres marchés prévus sur le parcours du chemin de fer. Le nouvel état de choses amènera inévitablement une révolution complète dans les conditions économiques du grand Sahara et transformera d'une manière absolue le caractère actuel des caravanes. Celles-ci deviendront partout tributaires de la voie ferrée; elles joueront, par rapport à cette dernière, un rôle semblable à celui que remplissent, en Europe, les lignes affluentes d'un réseau à l'égard du grand railway qui en constitue l'artère principale.

Le marché d'El Biodh-Timassinin desservira ainsi le commerce d'In Salah et du Touat; celui d'Amguid-Sebkha d'Amadrhor sera le centre d'approvisionnement pour les Touareg du Nord; enfin celui de Tin-telloust-Agadès ravitaillera les nombreuses caravanes dont les routes convergent au pays d'Aïr. Il y aura un trafic assuré entre ces différents points et les ports algériens, têtes de ligne du Transsaharien. Évaluer ce trafic paraît chose bien difficile; néanmoins le chiffre des populations à desservir peut fournir quelques indications à ce sujet.

Les groupes d'oasis pour lesquelles In Salah joue le rôle de centre commercial, comptent au moins 500,000 habitants. On peut admettre que les trois cinquièmes de ces populations arriveront à s'approvisionner par l'intermédiaire du marché d'El Biodh et qu'elles en recevront, en moyenne, 50 kilogrammes de marchandises par an et par habitant (chiffre qui n'est pas exagéré, surtout si l'on tient compte des envois croissants de céréales d'Algérie vers le sud par le Transsaharien) (1). Les expéditions correspondantes s'élèveront ainsi à 15,000 tonnes, lesquelles passeront sur les rails jusqu'à El Biodh.

Plus au sud, on reste évidemment au-dessous de la vérité en fixant à 200,000 âmes l'effectif total des tribus qui viendront s'approvisionner aux marchés d'Amguid et de Bir-Asiou. Au taux de 40 kilogrammes par personne, cela donne 8,000 tonnes à transporter par an.

Quant aux envois dans l'Aïr, il serait malaisé, vu l'absence de renseignements suffisants, d'en établir une estimation même approximative. Toutefois, on ne saurait être taxé d'exagération en les évaluant à 15,000 tonnes, la région d'Agadès ayant une importance certainement bien supérieure à celle d'In Salah.

D'autre part et en sens inverse, il est incontestable qu'un courant d'exportation se dirigera du pays d'Aïr vers l'Algérie, notamment pour

(1) A. Fock. — Le Transsaharien (*Revue scientifique*, 2 novembre 1889).

les peaux et les cuirs. Ce courant représentera toujours bien 10,000 tonnes par an (1).

En résumé le trafic local avec l'Algérie ressortira, au minimum, aux chiffres suivants :

| | Recettes kilométriques. | Recettes totales. |
|---|---|---|
| | Francs. | Francs. |
| *Biskra-Ouargla* : Biskra-Tougourt (210 kilom.). . . . | 2.500 | 525.000 |
| *Biskra-Ouargla* : Tougourt-Ouargla (170 kilom.) . . . | 2.000 | 340.000 |
| *Biskra-El Biodh* : 15,000 tonnes, sur 800 kilom., à la taxe moyenne de 0 fr. 05 par tonne kilométrique . . | 750 | 600.000 |
| *Biskra-Amguid, Amadrhor et Bir-Asiou* : 8,000 tonnes, sur 1,400 kilom., à la taxe moyenne de 0 fr. 045 par tonne kilométrique . . . . . . . . . . . . . . . | 360 | 504.000 |
| *Biskra-Tintelloust* : 15,000 + 10,000 = 25,000 tonnes, sur 2,300 kilom., à la taxe moyenne de 0 fr. 03 par tonne kilométrique . . . . . . . . . . . . . . . . | 750 | 1.725.000 |

*Trafic local avec le Soudan.* — Mais le trafic saharien ne sera pas exclusivement alimenté par les relations commerciales avec l'Algérie et la France. Il trouvera également des ressources dans les expéditions locales que certaines gares intermédiaires effectueront dans la direction du Soudan. Tels sont surtout les envois de sel qui passeront sur les rails, allant vers le sud à partir de Tintelloust et de la Sebkha d'Amadrhor.

Le sel manque au Soudan; c'est un article d'importation de première nécessité. Grâce au transport par chemin de fer, le prix de la marchandise subira une très forte réduction sur le marché terminus du Transsaharien, et une grande partie des populations du Soudan central deviendra bientôt tributaire de ce marché pour les achats de sels. Il en sera ainsi, du moins, pour le Damergou et le Bornou, le Kanem et le Ouaday, le nord du Baghirmi. L'ensemble de ces régions comporte au moins 12 millions d'habitants. En prévoyant une consommation annuelle de 5 kil. de sel par tête, en moyenne (ce qui est très modéré), on arrive à escompter une importation de 60,000 tonnes (alors qu'actuellement l'importation des sels de Bilma par caravane ne semble pas atteindre plus du dixième de ce chiffre). Même en admettant que les caravanes continuent (ce qui est improbable) à en trans-

(1) Le trafic avec l'Aïr aurait pu également être placé dans le *trafic soudanais;* car, à proprement parler, l'Aïr fait partie du Soudan septentrional.

porter une certaine quantité de Bilma vers le Ouaday, et que l'importation anglaise par le bas Niger et la Bénoué desserve la région intermédiaire entre la haute Bénoué et le Tchad, le Transsaharien sur le Tchad est assuré, au bas mot, d'un tonnage annuel de 45,000 tonnes de sel ; soit 20,000 tonnes de sel de Bilma, amené par caravane (ou par un embranchement spécial) à Tintelloust, — 10,000 tonnes de sel de la Sebkha d'Amadrhor (où le sel est, d'après M. Duveyrier, très abondant et supérieur à celui de Bilma), — et enfin 15,000 tonnes de sel d'Algérie ou même d'Europe (1).

L'importation du sel donnera ainsi les recettes suivantes :

| | Recettes kilométriques. — Francs. | Recettes totales. — Francs. |
|---|---|---|
| *Tintelloust-Tchad.* — 20,000 tonnes sur 800 kilomètres, à la taxe moyenne de 0 fr. 055 par tonne kilométrique (2) . . . . . . . . . . . . . . . . . . . . | 1.100 | 880.000 |
| *Amadrhor-Tchad.* — 10,000 tonnes, sur 1,800 kilomètres, à la taxe moyenne de 0 fr. 04 par tonne kilométrique | 400 | 760.000 |
| *Biskra-Tchad.* — 15,000 tonnes, sur 3,100 kilomètres, à taxe moyenne de 0 fr. 02 par tonne kilométrique (3). | 300 | 930.000 |

*Total du trafic Saharien.* — En additionnant la série des recettes précédemment établies pour les divers éléments du trafic saharien, on arrive à une recette totale de 6,265,000 francs par an, et en divisant ce chiffre par la longueur du Transsaharien de Biskra au Tchad, soit 3,100 kilomètres, on trouve comme recette kilométrique moyenne, du fait du trafic saharien, une somme de 2,000 francs.

II. Trafic Soudanais. — Que les pays et les royaumes du Soudan central soient assez riches pour alimenter des courants commerciaux d'un débit permanent et considérable, personne ne songe plus à le contester aujourd'hui. Mais la question est de savoir si ces courants

(1) Le sel à importer d'Algérie ou d'Europe au Soudan se placerait plus logiquement au chapitre suivant, dans le tonnage du *trafic soudanais*. Je préfère, cependant, en parler de suite ; car on n'est pas fixé sur les quantités de sel que pourront fournir Bilma et Amadrhor, et, par suite, sur le complément qu'il y aura lieu d'amener d'Algérie ou d'Europe.

(2) Ce tarif peut sembler trop bas, mais il faut tenir compte des frais de transport de Bilma à Tintelloust.

(3) Tarif intermédiaire entre ceux prévus plus loin (*trafic soudanais*) pour les marchandises des 3e et 4e catégories.

La tonne de sel, prise à 15 francs à Marseille, reviendra ainsi, dans les régions du Tchad, à moins de 100 francs, c'est-à-dire à un prix absolument inconnu de bon marché au Soudan.

pourront être orientés vers le Nord, ou plutôt si la voie ferrée déterminera la canalisation et le développement vigoureux de ceux qui, depuis des siècles, se dirigent vers les bords de la Méditerranée. Sur ce point, il existe actuellement une tendance très marquée au scepticisme. Beaucoup prétendent que le Transsaharien ne pourra soutenir la lutte contre les voies maritimes et fluviales de la côte occidentale d'Afrique.

*Concurrence des voies navigables.* — Ce sont là des appréciations qu'on accepte trop facilement, sans les examiner de près, et qui répondent à une idée préconçue. Il est généralement admis, en effet, que les voies navigables peuvent défier toute concurrence. Or, cette règle, pour être fondée en principe, n'en souffre pas moins de nombreuses exceptions, notamment dans son application aux trajets d'une longueur exceptionnelle. Ainsi aux États-Unis, plusieurs chemins de fer, — comme ceux de New-York à Chicago, par exemple, — ont réussi à maintenir et à développer leur trafic, malgré l'existence de routes fluviales presque parallèles. Je me propose de prouver que le Transsaharien constituera un cas analogue.

Le railway reliant l'Algérie au Tchad devra compter avec une double concurrence : celle du bas Niger et de la Bénoué; ensuite celle du Chari et de la Sangha ou de l'Oubanghi. Mais la première étant sensiblement moins longue que la seconde, il suffira d'élucider la question en ce qui concerne la voie du bas Niger.

*Comparaison des frais de transport par la ligne ferrée et par la route maritime.* — Comparons maintenant les frais de transport du lac Tchad à Marseille par la ligne ferrée et par la route maritime. Voici le détail des deux itinéraires en présence :

| | |
|---|---|
| *Route de terre.* — Railway du Tchad à Philippeville. . . Kilom. | 3.400 |
| — Traversée de Philippeville à Marseille. | |
| *Route maritime.* — Railway du Tchad à la haute Bénoué (1). . . | 400 |
| — Navigation fluviale sur la Benoué et le bas Niger. . . . . | 1.200 |
| Traversée de Brass-River (embouchure du Niger) à Marseille. | |

(1) Le major Mac-Donald a nettement constaté l'impossibilité d'une communication par voie fluviale entre la Bénoué et le Tchad. En tout état de cause, il faudra un chemin de fer de 400 kilomètres du Tchad à la haute Bénoué, pour créer un courant commercial régulier des régions du Tchad vers l'embouchure du Niger (eu égard aux frais énormes des routes ordinaires de terre dans l'intérieur de l'Afrique). Or ce chemin de fer ne sera pas construit de sitôt, en l'absence de toute base d'opération et en plein pays tropical. De plus, sa construction, au travers de régions marécageuses et périodiquement inondées, coûtera très cher.

Avant de faire le calcul des dépenses correspondantes, il y a lieu de formuler les observations suivantes :

L'application du système des tarifs décroissants permettra, quoi qu'on en dise, d'abaisser très notablement, sur le Transsaharien, les taxes kilométriques pour le transport des marchandises destinées à parcourir la totalité du trajet de 3,400 kilomètres entre le Tchad et Philippeville. Les tarifs seront naturellement gradués suivant la valeur des marchandises et en raison inverse de leur tonnage ; or, on doit pouvoir arriver, avec le trafic prévu plus loin, et dans les conditions de tracé de mon projet de Transsaharien, à des taxes kilométriques de 0 fr. 08, — 0 fr. 035,— 0 fr. 025,— et même inférieures à 0 fr. 02 pour les matières de moindre valeur, lourdes et encombrantes (1).

Aux Etats-Unis, le tarif de 0 fr. 02 est déjà en vigueur de New-York à Chicago, sur l'Erié Railway et ailleurs, avec des distances qui ne dépassent pas 1,600 kilomètres ; sur une longueur de plus du double, les Compagnies américaines descendraient certainement à 0 fr. 015 au moins par tonne et par kilomètre. Vu les sujétions spéciales de l'exploitation à travers le désert, on ne pourra pas aller aussi loin sur le Transsaharien ; mais on peut prévoir pour celui-ci un tarif minimum de 0 fr. 018, comme *limite extrême,* tout au moins.

Au contraire, on ne saurait admettre, sur le futur chemin de fer du Tchad à la Bénoué, des tarifs inférieurs à 0 fr. 06 par tonne kilométrique, et cette conclusion n'est nullement contradictoire avec celle qui précède. En effet, il ne s'agira plus ici d'un trajet de longueur exceptionnelle, mais de 400 kilomètres seulement ; le railway en question sera d'un entretien difficile, comme tout railway en pays tropical, et l'absence d'une base solide au point de départ pèsera lourdement sur les frais d'exploitation. D'ailleurs, je prévois un tarif de 0 fr. 07 sur le Transsaharien pour un parcours de même longueur et des marchandises similaires.

Quant à la navigation fluviale sur le bas Niger et la Bénoué, elle est loin de se présenter dans des conditions aussi favorables que les adversaires du Transsaharien l'admettent gratuitement (2). Il est vrai

---

(1) La justification des tarifs prévus ici pour le Transsaharien fait l'objet du chapitre suivant (page 67).

(2) A dire toute ma pensée, la Bénoué ne pourra jamais devenir une artère commerciale d'une certaine importance ; son régime, alternativement marécageux et torrentiel, me semble s'y opposer d'une manière irrémédiable.

que la passe du bas Niger a été balisée en 1884, et il est possible que, pendant les crues, certains navires de la *Royal Niger Company* soient parvenus à remonter le cours inférieur du fleuve jusqu'à une certaine distance. Mais, normalement, les paquebots maritimes font relâche près de l'embouchure, à Akassa, d'où partent les vapeurs fluviaux de l'intérieur. Quoi qu'on fasse, il est invraisemblable que les paquebots arrivent à remonter couramment le bas Niger, et encore moins à pénétrer dans la Bénoué; jamais ils ne pourront accéder jusqu'au futur chemin de fer de Yola au Tchad. De toute manière, il faudra un transbordement entre le service maritime et le service fluvial, et il est plus que probable que, normalement, ce transbordement continuera à se faire près de l'embouchure du bas Niger. Pour faire face à un mouvement commercial de quelque importance, on se verra obligé d'y construire un port, avec des entrepôts, avec un outillage complet, et ce sera là une charge financière considérable, sous le double rapport de la construction et de l'exploitation.

C'est en se basant sur cet ensemble de considérations qu'ont été dressés les tableaux ci-après, qui permettent de comparer les frais de transport par le Transsaharien et par la route maritime. Comme les frets maritimes, de même que les tarifs de chemin de fer et le coût de la navigation fluviale, varient dans des limites assez étendues, suivant la nature des marchandises, celles-ci ont été groupées sous quatre catégories différentes :

1re catégorie : *Ivoire, plumes d'autruche (en ballots de 150 à 200 kilos), poudre d'or, indigo et matières tinctoriales de prix, etc.*

2e catégorie : *Peaux brutes et cuirs, caoutchouc et gutta-percha, gommes, cires, etc., café, cacao, kola, poivre, piments, etc.*

3e et 4e catégories : *Arachides et noix de touloucouna, graines et fruits oléagineux, ricin, huiles de palme et autres, etc., coton, fibres végétales, bois d'ébénisterie et de teinturerie, matières brutes et encombrantes, en général.*

Voici maintenant les tableaux comparatifs des frais de transport (1) :

---

(1) Admettant que le Transsaharien sera construit à la voie de 1 mètre, je tiens compte d'un transbordement à Biskra.

## FRAIS DE TRANSPORT PAR LE TRANSSAHARIEN

| DÉTAILS DE L'ITINÉRAIRE ET INDICATION DES TRANSBORDEMENTS | TAXES POUR LES MARCHANDISES (PAR TONNE) | | | |
|---|---|---|---|---|
| | DE LA 1$^{re}$ CATÉGORIE | DE LA 2$^{e}$ CATÉGORIE | DE LA 3$^{e}$ CATÉGORIE | DE LA 4$^{e}$ CATÉGORIE |
| Trajet du Tchad à Philippeville. . . . . . . | 3,400 × 0$^{f}$08 = 272$^{f}$ » | 3,400 × 0$^{f}$035 = 119$^{f}$ » | 3,400 × 0$^{f}$025 = 85$^{f}$ » | 3,400 × 0$^{f}$018 = 61$^{f}$20 |
| Transbordemant à Biskra. . . . . . . . . . | 5 » | 4 » | 3 » | 2 » |
| Transbordement et dépôt à Philippeville . . | 8 » | 5 » | 4 » | 4 » |
| Traversée de Philippeville à Marseille. . . . | 80 » | 20 » | 10 » | 5 » |
| FRAIS TOTAUX . . . . . . . . . . | 305$^{f}$ » | 148$^{f}$ » | 102$^{f}$ » | 72$^{f}$20 |

## FRAIS DE TRANSPORT PAR LA ROUTE MARITIME

| DÉTAILS DE L'ITINÉRAIRE ET INDICATION DES TRANSBORDEMENTS | DE LA 1$^{re}$ CATÉGORIE | DE LA 2$^{e}$ CATÉGORIE | DE LA 3$^{e}$ CATÉGORIE | DE LA 4$^{e}$ CATÉGORIE |
|---|---|---|---|---|
| Railway du Tchad à la haute Bénoué. . . . | 400 × 0$^{f}$15 = 60$^{f}$ » | 400 × 0$^{f}$10 = 40$^{f}$ » | 400 × 0$^{f}$07 = 28$^{f}$ » | 400 × 0$^{f}$06 = 24$^{f}$ » |
| Transbordement et embarquement sur le fleuve . . . . . . . . . . . . . . . . | 8 » | 6 » | 4 » | 3 » |
| Navigation fluviale sur la Bénoué et le Niger. | 1,200 × 0$^{f}$04 = 48 » | 1,200 × 0$^{f}$03 = 36 » | 1,200 × 0$^{f}$02 = 24 » | 1,200 × 0$^{f}$01 = 12 » |
| Transbordement, mise en dépôt au port d'attache du service maritime . . . . . . . . | 8 + 9 = 17 » | 6 + 7 = 13 » | 4 + 6 = 10 » | 3 + 4 = 7 » |
| Traversée maritime jusqu'à Marseille . . . . | 250 » | 65 » | 44 » | 30 » |
| FRAIS TOTAUX . . . . . . . . . . | 383$^{f}$ » | 160$^{f}$ » | 110$^{f}$ » | 76$^{f}$ » |

Un simple coup d'œil sur ces deux tableaux permet de constater que le transport par le Transsaharien sera plus avantageux que par la voie maritime, et cela pour toutes les catégories de marchandises sans exception (1). Ce résultat s'accentue encore davantage si l'on fait entrer en ligne de compte les différents frais accessoires qui viennent majorer les chiffres obtenus. Ainsi, la longueur du voyage maritime de l'embouchure du Niger à Marseille se traduit par une prime d'assurance beaucoup plus forte que celle que l'on paie pour la traversée de la Méditerranée à partir de Philippeville. De même, les connaissements et les droits divers qui les accompagnent, accusent une différence en faveur de ce dernier trajet. Enfin, il n'est pas sans importance de comparer les délais d'expédition nécessaires. Par le Transsaharien, les marchandises pourront être facilement transportées du Tchad à Philippeville en 9 jours, puis de Philippeville à Marseille en 5 jours : soit un total de 15 jours au maximum. Par la voie maritime, au contraire, les envois ne seront jamais rendus à destination avant 50 jours ou deux mois ; car il faudra compter 5 jours du Tchad à la Bénoué, 15 jours de navigation fluviale et de dépôt au port du bas Niger, puis 30 jours de traversée jusqu'à Marseille.

Il convient, en outre, de faire remarquer que, par suite de la concurrence anglaise, les frets maritimes sont abaissés déjà à l'extrême limite et ne sauraient subir de nouvelles réductions. Quant aux frais de transbordement et d'embarquement sur la Bénoué, ils sont évalués à un chiffre très modeste, si on les rapproche de ceux admis pour le simple transbordement de wagon sur wagon à Biskra. Au port du bas Niger, ces frais se trouveront augmentés de la dépense qu'entraîneront la manutention et la mise en dépôt provisoire (cette dépense figure à part sur le tableau relatif aux transports à effectuer par mer).

---

(1) On voit, de plus, que les frais de transport qui grèveront les matières premières à exporter du Soudan par le Transsaharien seront généralement des plus modérés par rapport à leurs cours en Europe. Sans parler des marchandises de la 1re catégorie, citons, par exemple : dans la 2e catégorie, le caoutchouc de la côte occidentale d'Afrique, qui vaut 3 et 5 francs le kilogramme à Marseille ; — dans les 3e et 4e catégories, le coton, de même provenance, qui vaut 300 francs à l'état brut et 600 francs égrené ; — les arachides du Cayor (Sénégal), qui valent 300 francs à Marseille, celles de la Guinée et de la Casamance, 250 à 240 francs, — etc.

*Supériorité du Transsaharien, quel que soit le tracé adopté.* — En présence des chiffres établis plus haut, il est permis de dire que le Transsaharien n'aura rien à craindre de la concurrence des voies maritimes. Bien plus, celles-ci seront peu à peu abandonnées, lorsque le rail atteindra le lac Tchad ; car la ligne ferrée, grâce à la rapidité et au bon marché de ses transports, attirera et ne tardera pas à canaliser entièrement les courants commerciaux. Ce sera ensuite aux négociants français de prendre leurs mesures pour que la suprématie économique, dont le chemin de fer deviendra l'instrument, ne leur échappe pas au profit de leurs rivaux anglais et allemands.

La supériorité ainsi constatée du Transsaharien sur les routes par eau reste intacte, si l'on envisage la bifurcation d'Amguid vers le coude du Niger. Avec cette variante, la longueur totale du tracé se réduit de 3,400 à 2,600 kilomètres : soit une diminution de près d'un quart. Par contre, la voie fluviale par le haut Niger et le Sénégal comporte, de Bouroum à Bammako et de Médine à Saint-Louis, une augmentation de parcours, de deux tiers environ, sur la voie fluviale par la Bénoué et le bas Niger ; en outre, le futur chemin de fer de Bammako à Médine et Kayes offrira une augmentation de longueur de plus d'un quart sur celui du Tchad à la haute Bénoué, et il y aura un transbordement de plus. Les frets maritimes pour Saint-Louis et Brass-River ne présentent d'ailleurs qu'une faible différence. En résumé, la navigation sur Bouroum luttera dans des conditions encore moins favorables que la navigation vers le Tchad.

*Tonnage des importations futures au Soudan central par le Transsaharien.* — Il reste maintenant à évaluer quel pourra être le trafic soudanais du Transsaharien. Formuler à cette question une réponse, même approximative, paraît chose impossible ; cependant, on possède une série de données qui permettent d'indiquer un minimum de transports sur lesquels on peut compter.

Les importations au Soudan central par le Transsaharien ne doivent pas faire question un seul instant. Dans tout le continent noir, partout où l'on arrive à introduire les marchandises européennes en quantités suffisantes pour satisfaire à la demande des indigènes, ceux-ci affluent aux factoreries et cherchent à y faire des échanges. Les principaux articles d'importation sont (sans parler du *sel*) : les *tissus* et *cotonnades*, les *fers* (lames, tiges, etc.), la *poudre*, la *verroterie*, les *armes*, le *tabac*, les *épices*, etc. Sur la côte, ces marchandises sont échangées, règle générale, pour le triple ou le quadruple de ce qu'elles valent dans leurs pays d'origine : *a fortiori*, dans l'intérieur.

Le chiffre des populations du Soudan central qui seraient tributaires du Transsaharien sur le Tchad a été estimé plus haut à 12 millions d'habitants, au minimum. D'après l'expérience acquise par les factoreries de la côte occidentale d'Afrique, et même en tenant compte de la concurrence anglaise par le Niger et la Bénoué, on peut admettre que le Transsaharien importera annuellement 2 kilogrammes de marchandises par tête d'habitant, au bas mot : cela représentera une importation d'environ 24,000 tonnes. Les transports correspondants produiront, avec un tarif moyen de 0 fr. 05, une recette kilométrique de 24,000 × 0 fr. 05 = 1,200 francs.

*Tonnage des exportations futures du Soudan central par le Transsaharien.* — Ce sont surtout les exportations de matières premières du Soudan central vers l'Europe qui fourniront au Transsaharien un tonnage élevé, et, à ce propos, il faut observer que le Transsaharien, — bien qu'œuvre essentiellement française, — ne transportera pas seulement des produits du Soudan à destination de France, mais sera également utilisé, sans aucun doute, par les commerçants anglais et autres étrangers.

Examinons brièvement les quatre catégories de marchandises énumérées ci-dessus.

L'*ivoire* ne sera jamais assurément un produit de fort tonnage pour un chemin de fer. On affirme cependant que, dans les régions des grands lacs orientaux, on tue bien 20,000 éléphants par an : cela ferait, à raison de 50 kilogrammes par défense, 2,000 tonnes d'ivoire. Le Soudan central n'est pas moins riche en ivoire, et si l'on y ajoute les autres produits de valeur suffisante pour supporter les frais de transport de la 1re catégorie, *indigo* et *matières tinctoriales de prix*, *plumes d'autruche*, etc., il n'est pas illusoire de compter sur 2,000 tonnes pour l'ensemble des marchandises de cette catégorie. Avec le tarif prévu de 0 fr. 08, la recette kilométrique correspondante sera de 2,000 × 0 fr. 08 = 160 francs.

Le *caoutchouc* et la *gutta-percha* donneront lieu déjà à des expéditions plus importantes. Dans les régions du lac Tchad s'étendent de vastes forêts caoutchoutières, d'une richesse incalculable, et le Transsaharien peut être assuré d'un transport de 5,000 tonnes, au moins, de ces matières. On peut compter sur autant, et même davantage, avec les *gommes*, les *cires* et leurs similaires.

Quant aux *peaux* et aux *cuirs* de toutes sortes, ils abondent au Soudan central, où pullulent les troupeaux et les représentants de la grande faune. Les peaux analogues de la côte occidentale d'Afrique sont de qualité supérieure ; la Guinée portugaise en exporte beaucoup en Amérique même. Aussi est-il modéré de prévoir de ce chef une exportation de 15,000 tonnes par le Transsaharien.

Si l'on tient compte ensuite du *café*, du *cacao*, du *kola*, du *poivre*, des *piments* et d'une série de *denrées coloniales*, — que le Soudan produit ou est susceptible de produire en grandes quantités, — on restera au-dessous de la vérité en tablant sur 50,000 tonnes pour tout l'ensemble des marchandises de la 2e catégorie. D'où une recette kilométrique de 50,000 $\times$ 0 fr. 035 = 1,750 francs.

Avec les produits des 3e et 4e catégories, on obtiendra des tonnages encore bien plus considérables.

Je me contenterai de prendre comme exemple les arachides. Leur culture peut être faite de la seule initiative des noirs : témoin la région du Cayor, au Sénégal, où elle a été introduite, il y a vingt-cinq ans, et où l'on produisait, vers 1885, 40,000 tonnes d'arachides par an. L'ensemble du Sénégal produisait alors 50,000 tonnes. Depuis lors, la production en arachides a baissé sur la côte occidentale d'Afrique, par suite du développement plus rémunérateur du caoutchouc ; néanmoins, ces chiffres montrent quel essor certaines cultures pourront prendre au Soudan, du jour où les indigènes trouveront à échanger leurs produits contre les articles de fabrication européenne. Pour ce qui est des arachides, les conditions naturelles sont également favorables à leur culture dans toute la partie nord du Soudan central, où règne un climat intermédiaire entre le climat tropical proprement dit et le climat saharien ; on peut espérer y obtenir des arachides de même qualité qu'au Cayor, c'est-à-dire de qualité supérieure (300 francs la tonne à Marseille). Toutefois, il est prudent de remarquer que celles de la Gambie et de la Casamance ne valent que 250 francs à 240 francs, et de prévoir un abaissement des cours ; aussi les arachides se placeront-elles mieux, sans doute, dans la 4e catégorie que dans la 3e.

Considérant l'ensemble des graines et des fruits oléagineux, on voit que les Indes anglaises en importent annuellement 200,000 à 300,000 tonnes à Marseille. Avec le Transsaharien, Marseille pourra tirer peu à peu du Soudan central une grande partie de sa consommation.

Somme toute, si l'on passe en revue tous les produits des 3e et 4e catégories que le Soudan Central pourra exporter en quantités croissantes par le Transsaharien, — les *arachides* et *noix de touloucouna*, les *graines* et *fruits oléagineux*, le *ricin*, dont la culture s'annonce fort bien sur la côte occidentale d'Afrique, les *huiles de palme* et autres, etc., puis le *coton*, qui pousse en abondance à l'état sauvage dans toutes les régions soudaniennes et que l'on arrivera certainement à y cultiver en grand dans un temps donné, puis les *fibres végétales*, les *bois d'ébénisterie* et *de teinturerie*, etc., enfin les matières lourdes et encombrantes, en général, — on peut, sans exagération, fixer leur tonnage total à 200,000 tonnes.

Admettons qu'on leur applique pour moitié les tarifs de la 3e catégorie et pour moitié ceux de la 4e. La recette kilométrique correspondant à la 3e catégorie sera de 100,000 $\times$ 0 fr. 025 = 2,500 francs, et, pour la 4e catégorie, elle sera de 100,000 $\times$ 0 fr. 018 = 1,800 francs.

Au demeurant, le tonnage total des exportations prévues ainsi pour les quatre catégories de matières premières serait, en chiffre rond, de 250,000 tonnes. Ce chiffre, qui paraît énorme au premier abord, n'a cependant rien d'excessif; car la France seule importe annuellement près de 700,000 tonnes de produits susceptibles d'être fournis par le Soudan, et le Transsaharien, ainsi que je l'ai déjà fait observer, transportera non seulement pour le compte du commerce français, mais encore pour celui du commerce étranger.

*Total du trafic Soudanais.* — En résumé, le trafic soudanais donnera, au minimum, comme recette kilométrique :

| | | | | |
|---|---|---|---|---|
| A l'*importation* | | . . . . . . . . . . . . Fr. | | 1.200 |
| A l'*exportation* : | 1re catégorie | . . Fr. | 160 | |
| — | 2e — | . . . . | 1.750 | |
| — | 3e — | . . . . | 2.500 | |
| — | 4e — | . . . . | 1.800 | 6.110 |
| | Total | . . . . . . . . Fr. | | 7.310 |

III. Voyageurs. — En dehors du transport des marchandises, le Transsaharien aura évidemment un certain mouvement de voyageurs, agents de commerce, troupes, indigènes. On évitera tout mécompte en tablant, pour les différentes sections de la ligne, sur une moyenne journalière de vingt personnes dans chaque sens. Comme il est essentiel de ne rien négliger en vue d'obtenir une active circulation de l'élément indigène, j'admettrai que les tarifs courants ne dépassent pas la taxe de 0 fr. 05 par kilomètre. La recette correspondante par kilomètre sera : (365 × 20 × 2) à 0 fr. 05 = 730 francs.

IV. Conclusion. — La récapitulation générale des estimations faites pour les divers éléments de trafic du Transsaharien conduit au résultat suivant, *qui est un minimum :*

| | | |
|---|---|---|
| Trafic saharien . . . . . . . . . . | Fr. | 2.000 |
| Trafic soudanais. . . . . . . . . . . . | | 7.310 |
| Voyageurs . . . . . . . . . . . . . . | | 730 |
| Total de la recette kilométrique. . . | Fr. | 10.040 |
| Soit, en chiffre rond. . . . | Fr. | 10.000 |

Or, la dépense de premier établissement du Transsaharien (avec une voie de 1 mètre) ressortira, au maximum, à une moyenne de 100,000 francs par kilomètre : ce qui, au taux de 4 1/2 0/0, demandera une somme de 4,500 francs pour le service des intérêts. D'autre part, les frais d'exploitation se tiendront entre 5,000 et 5,500 francs par kilomètre.

La conclusion est que le Transsaharien, en tant qu'opération financière, constituera une entreprise parfaitement viable et susceptible, si elle est bien dirigée, de devenir rémunératrice par elle-même.

Cette conclusion, relativement modeste, suffit pour justifier le Transsaharien au point de vue économique, étant données les perspectives immenses que ce grand projet national ouvre au commerce et à l'industrie de la mère patrie.

Georges Rolland.

*P. S.* — Ces lignes étaient déjà écrites quand le *Journal des Débats* du 27 décembre 1890 a publié une lettre adressée d'Akassa, le 11 novembre, par M. Mizon à M. Tharel, président du syndicat de l'Afrique centrale. Cette lettre, pleine de renseignements intéressants sur l'organisation et les opérations de la *Royal Niger Company*, se termine ainsi : « Une seule chose semble troubler la confiance des agents de la Compagnie dans l'avenir : c'est notre projet de Transsaharien, qui permettrait au commerce français de pénétrer dans ces régions par le Nord, etc. »

Plus avisés que beaucoup de nos compatriotes, les Anglais ne doutent pas des chances de trafic du Transsaharien. G. R.

# IX

## LES TARIFS DU TRANSSAHARIEN

*(Extraits de l'*Économiste français *des 10 et 13 juin 1891.)*

Le *trafic* du Transsaharien a fait de ma part l'objet d'une étude précédente (chapitre VIII, page 51 ci-dessus) à laquelle l'*Économiste français* a bien voulu donner l'hospitalité dans ses colonnes. Cette étude en appelle nécessairement une autre, ayant spécialement pour objet de justifier les *tarifs* dont j'ai proposé l'application sur le chemin de fer projeté de l'Algérie aux régions du lac Tchad.

J'ai admis, en effet, la possibilité d'abaisser très notablement, sur le Transsaharien, les taxes kilométriques pour le transport des marchandises, en raison de la longueur du trajet et en considération du tonnage à prévoir ; j'ai démontré ainsi que le Transsaharien, voie de transport directe et rapide vers le nord, entre le Soudan central et l'Europe, lutterait victorieusement (et à tous égards) avec la concurrence de la route inverse et détournée, par la Bénoué, le bas Niger et le golfe de Guinée. Mais, pour que ma démonstration soit complète, il me reste à prouver le bien fondé des tarifs admis.

Dès lors, j'aurai achevé d'établir « que le Transsaharien, considéré en lui-même, en tant qu'opération financière, constituera, pour le moins, une entreprise viable et rémunératrice, — et cela indépendamment des bénéfices incommensurables que notre commerce et notre industrie en retireront ».

Or, le jour où cette conclusion sera bien entrée dans les esprits non prévenus, on pourra dire : le Transsaharien est fait.

Le Transsaharien pourra se faire alors, non plus avec le concours financier de l'Etat (1), mais uniquement du fait de l'initiative des capitaux privés, par la constitution d'une grande Compagnie coloniale, à laquelle l'État octroyerait une charte, — à l'instar des chartes des Compagnies anglaises, — et qui opérerait à ses risques et périls. Là serait la meilleure solution du problème de la pénétration française vers l'intérieur africain, et c'est à réaliser pratiquement une combinaison semblable que je travaille avec persévérance.

I. — Le point de départ, pour le calcul des tarifs, est fourni par cette condition essentielle que le chemin de fer devra faire entièrement ses frais. Il faudra donc que les recettes couvrent non seulement les intérêts et l'amortissement du capital de premier établissement, mais encore les frais d'exploitation de la ligne.

Cela posé, nous allons, tout d'abord, déterminer le revenu kilométrique qu'il sera nécessaire d'assurer au Transsaharien. Puis, les prévisions concernant le tonnage annuel, qui passera sur les rails, nous permettront de trouver la taxe moyenne par tonne et par kilomètre, dont il faudra frapper l'ensemble des marchandises expédiées. Enfin, de cette moyenne, et d'après le système des tarifs différentiels, nous conclurons aux taxes spéciales qu'il y aura lieu d'appliquer à chaque parcours et à chaque catégorie d'objets.

II. — En ce qui concerne le capital de premier établissement du chemin de fer, mon projet de Transsaharien de Biskra par Ouargla et Amguid au lac Tchad comporte, — avec une voie de 1 mètre et pour une longueur totale de 3,100 kilomètres à construire, — une dépense *moyenne* de 100,000 francs par kilomètre (y compris les frais d'études et de surveillance, les intérêts du capital pendant la construction (2), les frais de banque et d'administration).

Je n'entrerai pas ici dans le détail des estimations par tronçons successifs, qui conduisent à cette moyenne de 100,000 francs par

---

(1) Sauf, toutefois, en ce qui concerne le premier tronçon de Biskra à Ouargla, pour lequel la garantie de l'État restera nécessaire, attendu que cette ligne traverse des régions déjà occupées par la France, où la colonisation française a même pénétré. — La sphère d'action d'une grande Compagnie coloniale du Central-Transsaharien ne commencerait qu'au sud de Ouargla. Mais il va de soi que la même Compagnie devrait se charger de la construction ou, tout au moins, de l'exploitation du tronçon de Biskra-Ouargla ; car Biskra est le dernier point qui convienne comme tête de ligne du chemin de fer.

(2) Mon programme technique et financier prévoit un délai maximum de dix ans pour la construction du Transsaharien, d'Ouargla au Tchad.

kilomètre. D'ailleurs, les objections les plus sérieuses qui m'aient été faites portent moins sur le montant du capital de premier établissement (trouvé trop élevé par les uns, trop faible par les autres) que sur la question des frais d'exploitation. — question beaucoup plus difficile à résoudre, dans le cas du Transsaharien, et que je crois plus important d'élucider.

Je me contenterai donc d'inscrire, pour le service des intérêts et de l'amortissement du capital, au taux de 4 1/2 0/0, une somme de 4,500 francs par kilomètre et par an.

En ce qui concerne les frais d'exploitation, il ne semble pas possible de les évaluer d'une manière quelque peu exacte, sans avoir examiné, au préalable, dans quelles conditions il conviendra d'organiser la circulation des trains sur le Transsaharien.

III. — *Effort de traction par locomotive.* — Dans mon projet de Transsaharien, la voie comporte des rails en acier du poids de 20 kilogrammes au mètre courant : les rails ont une longueur de 9 mètres, et reposent sur des traverses métalliques, qui sont au nombre de 10 par longueur de rail (1). Telle quelle, cette voie, relativement légère et économique, n'admet par essieu qu'une charge maxima de 9 tonnes.

Sur une voie semblable, on ne peut songer à mettre en circulation des locomotives trop lourdes, ni trop puissantes (2). J'ai cherché, cependant, avec le concours de collaborateurs compétents, à tirer parti des derniers progrès réalisés, de manière à obtenir le plus grand effort de traction possible par locomotive, sans dépasser la limite imposée à la charge par essieu moteur. Après discussion contradictoire, et jusqu'à nouvel ordre, je serais porté à proposer l'adoption du type de locomotive suivant : locomotive du système *compound*, à trois essieux couplés et deux essieux porteurs, pesant en service, avec le tender, environ 40 tonnes (dont 27 tonnes pour la locomotive et 13 pour le tender), et répondant aux données ci-dessous (3) :

---

(1) Voir, à ce propos, la critique publiée récemment par M. Fock dans le *Génie civil* du 4 avril dernier : *Les Chemins de fer de pénétration*, en réponse au projet de chaussée en fer, proposé par M. Chabrier pour le Transsaharien.

(2) Si l'on adoptait la voie normale pour le Transsaharien, il faudrait logiquement, pour y trouver avantage, prévoir des machines suffisamment puissantes, de manière à augmenter le tonnage des trains, et, par suite, renforcer convenablement la voie, en prenant des rails d'au moins 30 kilogr., ou plutôt même de 35 kilogr. Mais alors le capital de premier établissement serait augmenté de 30 0/0.

(3) Sur le chemin de fer de Saint-Georges-de-Commiers à la Mure, qui est à la voie de 1 mètre, circulent des locomotives-tenders à trois essieux couplés et un essieu porteur, pesant en service 37 tonnes (Mémoire de M. Edmond Roy dans le

Diamètre des roues motrices . . . . . . . . . . . $1^m,10$
Diamètre des cylindres moteurs. . . . . . . . . . $0^m,42$
Course des pistons . . . . . . . . . . . . . . . . $0^m,48$
Timbre . . . . . . . . . . . . . . . . . . . . . 12 atmosphères (1).

Cette locomotive sera capable de développer un effort de traction (2) égal à 5,544 kilogr. (3).

IV. — *Poids-limites des trains.* — La question est maintenant de savoir quelle charge une locomotive, construite d'après ces données, pourra remorquer sur le Transsaharien.

J'admettrai une vitesse de 25 kilomètres à l'heure.

Examinons successivement la ligne de Biskra à Amguid, pour laquelle il existe des avant-projets, puis son prolongement d'Amguid au lac Tchad.

1. Biskra-Amguid. — En plan, le tracé ne comporte pas de courbes de rayons inférieurs à 500 mètres. Mais, en profil, il y a lieu de distinguer les sections successives du tracé.

La première section, de Biskra à Tougourt (210 kil.), et la seconde, de Tougourt à Ouargla (170 kil.) (4), ne comportent, sur la plus grande partie de leur longueur, que des déclivités inférieures à $0^m,008$ (5) par mètre. Toutefois, certains passages offrent des déclivités supérieures : sur

---

*Bulletin des Ingénieurs civils*, décembre 1889). — Voir également le mémoire de M. Mallet sur le développement de l'application du système *compound* aux machines locomotives (*Bulletin de la Société des Ingénieurs civils*, juillet 1890). En particulier, pour ce qui est des chemins de fer à voie étroite, on peut citer, en Espagne, la ligne de Durango a Zumarraga, à la voie de 1 mètre, où des locomotives *compound*, de 23 tonnes de poids total, fonctionnent avec les meilleurs résultats.

(1) Le travail à 12 atmosphères, bien qu'encore peu répandu, est entré déjà dans la pratique. M. Mallet cite une série de trente types de locomotives timbrées à 12 atmosphères et au-dessus; quoique nécessitant un renforcement convenable des tôles de la chaudière, cette pression est appliquée aujourd'hui, dans le service courant, avec des locomotives dont les poids adhérents ne dépassent pas 23 tonnes (ligne de Durango-Zumarraga), 26 tonnes (Alsace-Lorraine, Etat prussien), 30 tonnes (London and North Western), etc. Cette dernière machine est même timbrée à $12^a,5$. D'ailleurs, ce n'est pas là un maximum : le Nord français possède des machines mixtes timbrées à 14 atmosphères, et le P.-L.-M. des locomotives pour trains de voyageurs et pour trains de marchandises qui travaillent à 15 atmosphères.

(2) D'après la formule $F = \alpha\, p \frac{d^2\, l}{D}$, dans laquelle : $\alpha = 0.6$; $p$ = pression en atmosphères sur le piston; $d$ = diamètre des cylindres en centimètres; $l$ = course des pistons en centimètres; D = diamètre des roues motrices en centimètres.

(3) Avec des dimensions bien inférieures, les locomotives *compound* de la ligne de Durango à Zumarraga fournissent un effort de traction de 4,177 kilogr. Avec des dimensions également plus faibles, les locomotives de la ligne de Saint-Georges-de-Commiers à la Mure (qui ne sont pas du sytème *compound* et qui sont timbrées à 10 atmosphères) développent une traction de 4,416 kilogr.

(4) Dont les avant-projets ont été soumis aux enquêtes.

(5) La déclivité moyenne est même notablement inférieure à $0^m,008$.

une longueur totale de 3 kil. 9, la section de Biskra-Tougourt présente une déclivité maxima de $0^m,010$ ; sur une longueur totale de 12 kil. 6, la section de Tougourt-Ouargla présente des déclivités supérieures à $0^m,010$, et même la déclivité maxima atteint $0^m,016$ (sur une longueur de 1,000 mètres seulement) (1).

Quant aux sections suivantes, de Ouargla à El Biodh et d'El Biodh à Timassinin (longueur totale, 660 kilom.) (2), l'ingénieur Béringer dit explicitement qu'elles offrent une déclivité moyenne de $0^m,00065$ seulement et que « les plus fortes déclivités prévues ne dépassent pas $0^m,005$ par mètre ».

Dans ces conditions, il convient de calculer séparément le poids-limite des trains Q (locomotive et tender non compris), qui pourront circuler sur chacune de ces sections successives (3).

*Section de Biskra-Tougourt.* — Admettons — ce qui est évidemment exagéré, — que, sur toute la longueur de cette section, le poids-limite des trains ne doive pas dépasser celui qui correspond à la déclivité maxima de $0^m,010$.

Dans ces conditions, on trouve : Q = 357 tonnes.

Le poids du wagon vide s'élevant à 5 tonnes, en moyenne (avec la voie de 1 mètre), et la charge utile des wagons atteignant 8 tonnes, le nombre maximum des wagons par train sera de $\frac{357}{13} = 27$, et le transport utile par train sera de $27 \times 8^t = 216^t$.

---

(1) Je suis convaincu, d'après ma connaissance du pays, que des études complémentaires, auxquelles il serait procédé pendant la construction de la section de Biskra-Tougourt (je dis *pendant*, et non *avant;* car des études *préliminaires* sont d'ores et déjà inutiles pour entreprendre le Transsaharien), permettraient de faire disparaître en grande partie ces déclivités supérieures à 0,010, entre Tougourt et Ouargla, quitte à allonger un peu le parcours.

(2) Avant-projet dressé par Béringer, au cours de la première mission Flatters.

(3) D'après la formule $Q = \frac{F - w_1 L}{w} - T$, dans laquelle : F = effort de traction en kilos; L = poids total de la locomotive en tonnes (tender non compris); T = poids total du tender en tonnes; $w_1$ = coefficient de résistance de la locomotive en kilos par tonne; $w$ = coefficient de résistance du tender et des wagons en kilos par tonne.

$$\text{Or, } w_1 = w_l + w_r \pm s$$
$$w = w_g + w_r \pm s$$

et l'on a : $w_l$ = résistance de la locomotive en ligne droite et horizontale $= 4\sqrt{n} + 0{,}0025\ V^2$ (V étant la vitesse des trains à l'heure, et $n$ étant le nombre des essieux moteurs de la locomotive) ; $w_g$ = résistance du tender et des vagons en ligne droite et horizontale $= 1{,}7 + 0{,}0013\ V^2$; $w_r$ = résistance dans une courbe de rayon $r = \frac{475}{r - 20}$; $s$ = résistance sur une pente de 8 ‰.

De ce chiffre, défalquons 14 tonnes pour les voyageurs, la poste et les services accessoires. Il restera par train 202 tonnes de charge utile à attribuer aux marchandises.

*Section de Tougourt-Ouargla.* — De même que pour la section Biskra-Tougourt, adoptons l'hypothèse la plus défavorable, savoir que le poids des trains ne devra pas dépasser la limite correspondant à la déclivité maxima de $0^m,016$.

Le calcul donne alors : $Q = 235$ tonnes.

Le nombre maximum des wagons par train sera ainsi de $\frac{235}{13} = 18$, et le tonnage utile par train ne pourra pas dépasser $18 \times 8 = 144$ tonnes. En défalquant, de même que tout à l'heure, 14 tonnes pour les voyageurs, les bagages, etc., il reste par train 130 tonnes de charge utile à attribuer aux marchandises.

*Sections d'Ouargla à El Biodh et d'El Biodh à Amguid.* — La déclivité maxima ne s'élevant qu'à $0^m,005$ sur ces deux sections, on a, au minimum : $Q = 590$ tonnes.

Dès lors, le nombre de wagons par train sera de $\frac{590}{13} = 45$; et le transport utile par train atteindra $45 \times 8 = 360$ tonnes. Après déduction des 14 tonnes prévues pour les voyageurs, les bagages, etc., il reste par train 346 tonnes de charge utile à attribuer aux marchandises.

2° Amguid-Tchad. — Nous venons de calculer les charges à remorquer sur les diverses sections de la première partie du Transsaharien, c'est-à-dire de la ligne de Biskra-Amguid (longueur totale 1,040 kilomètres), en nous basant sur les déclivités maxima, et en adoptant, pour le profil en long, les éléments suivants :

| | Pour 100 de la longueur totale. |
|---|---|
| Déclivité de $0^m,005$ sur 660 kilomètres, soit. . . . . . . | 63 1/2 |
| — de $0^m,010$ — 210 — — . . . . . . | 20 |
| — de $0^m,016$ — 170 — — . . . . . . | 16 1/2 |

Or, selon toute probabilité, les éléments du tracé ne seront pas plus défavorables sur la seconde partie du Transsaharien, c'est-à-dire sur la ligne d'Amguid au lac Tchad, laquelle comporte un développement de 2,060 kilomètres. En effet, les renseignements fournis par les courriers de la deuxième mission Flatters permettent d'affirmer qu'au delà d'Amguid, le tracé du chemin de fer se continuera d'abord dans des conditions aussi faciles qu'en deçà : soit certainement sur plus de 200 kilomètres, jusque dans la plaine d'Amadrohr (et sans doute plus loin) (1). D'autre part, au delà de Bir-Asiou et de là jusqu'au Tchad (soit sur 1,400 kilomètres de longueur), il ressort clairement du journal de route de Barth que l'on ne rencontrera aucune difficulté sérieuse en contournant le massif de l'Aïr par l'Est de Tin-Telloust. Il ne reste donc d'incertitude que sur 400 à 500 kilomètres entre Amadrohr et Bir-Asiou, sur le flanc des terrasses orientales du Hoggar ; mais il n'y a aucune raison plausible de supposer que les conditions y soient plus difficiles que sur le flanc septentrional, entre Amguid et Amadrohr. Pour qui a étudié la constitution géologique et orographique du Sahara central, l'existence de vastes couloirs à fond plat, tout autour du massif du Hoggar, ne fait pas question.

Tout bien pesé, le plus raisonnable m'a semblé être d'admettre que l'ensemble des sections successives de cette ligne d'Amguid-Tchad présenterait une série de rampes correspondant aux déclivités maxima des sections précédentes d'Ouargla-Amguid, et réparties dans la même proportion. Cela donnerait, au total :

| | | | | |
|---|---|---|---|---|
| Déclivité de | $0^{m},005$ : | sur | 1,300 | kilomètres. |
| — | $0^{m},010$ : | — | 420 | — |
| — | $0^{m},016$ : | — | 340 | — |

En prévoyant sur de pareilles longueurs des déclivités de $0^{m},010$ et de $0^{m},016$ (déclivités qu'on ne dépassera pas, d'ailleurs, étant donnés les terrassements que prévoient, d'autre part, mes estimations de dépenses de premier établissement), je pare certainement à toutes les éventualités pour le contournement du Hoggar.

---

(1) Voici ce que dit le lieutenant-colonel Flatters à propos de la configuration du sol au sud d'Amguid : « D'ici, à 15 kilom. d'Arhellachen, *on voit parfaitement la vaste entrée plate et unie du reg, rive droite de l'Igharghar, qui donne accès dans la plaine d'Amadrohr*, le mont Oudan à l'ouest, l'Eguéré ou prolongement rocheux du Tassili, rive gauche de l'oued Tedjert, à l'est. » (DERRÉCAGAIX : *Les Deux Missions du lieutenant-colonel Flatters*, p. 117.) — Plus loin, page 118, M. Derrécagaix reproduit les dires des guides de la mission qui connaissaient Asiou et le Soudan, et d'après lesquels on trouverait une bonne route de caravanes en tournant la sebkha d'Amadrohr par l'Oued Tedjert et l'Eguéré. C'est, d'ailleurs, ce que constate le journal de route (DERRÉCAGAIX, p. 121) : « Nous sommes ici au sud de l'Eguéré, près du débouché de l'Oued Tedjert dans la plaine d'Amadrohr. C'est le chemin des caravanes, et il est assez facile. Ceux de l'Ahenet pour aller au sud-ouest sont un peu plus difficiles, d'après ce que disent les gens qui les ont vus... *Il est certain qu'il n'y a aucune comparaison à établir avec l'entrée de l'Amadrohr par le reg plat et uni de l'Igharghar.* » — Quant à la route directe de Bir-Asiou au delà de la sebkha d'Amadrohr, elle passe assez loin à l'est du Tifidest et de l'Atakhor, qui constituent le massif central du Hoggar, et Béringer dit qu'entre ce massif, à l'ouest, et le Tassili, à l'est, la plaine de l'Igharghar se continue indéfiniment, du moins à ce qu'on peut voir vis-à-vis du Oudan, par 25° de latitude (DERRÉCAGAIX, p. 123).

3° TABLEAU RÉCAPITULATIF.

| Longueur totale des sections de même déclivité. | Déclivité. | Poids-limite des trains. | Charge utile à attribuer aux marchandises. |
|---|---|---|---|
| — | — | — | — |
| 1.960 kilom. . . . . . . . . | 0.005 | 590 tonnes. | 346 tonnes. |
| 630 — . . . . . . . . . | 0.010 | 357 — | 202 — |
| 510 — . . . . . . . . . | 0.016 | 235 — | 130 — |

V. — *Marche des trains.* — Si l'on se reporte à mon étude précédente sur le trafic du Transsaharien, on verra que je suis arrivé aux prévisions suivantes pour le tonnage annuel :

*Trafic soudanais.* — *a.* Importations = 24,000 tonnes; *b.* Exportations = 252,000 tonnes (1re catégorie 2,000, 2e catégorie 50,000, 3e catégorie 100,000, 4e catégorie 100,000). Soit un total général de 276,000 tonnes à transporter sur un parcours de 3,100 kilomètres.

*Trafic saharien.* — *a.* Avec l'Algérie = 48,000 tonnes, savoir : 15,000 tonnes à transporter sur 800 kilomètres (gare d'El Biodh); 8,000 tonnes sur 1,400 kilomètres (gares d'Amguid et de Bir-Asiou) ; 2,500 tonnes sur 2,300 kilomètres (gares de l'Aïr); *b.* Avec le Soudan = 45,000 tonnes, savoir : 20,000 tonnes à transporter sur 800 kilomètres (gares de l'Aïr); 10,000 tonnes sur 1,800 kilomètres (gare de la sebkha d'Amadrohr) ; 15,000 tonnes sur 3,100 kilomètres (gare de Biskra).

Le total général du tonnage, qui passerait annuellement sur les rails, s'élèverait ainsi à 369,000 tonnes : soit 1,000 tonnes environ par jour. Quant à la distance moyenne de transport par tonne, il est facile de calculer qu'elle serait de 2,755 kilomètres.

Mais il importe de remarquer que les expéditions sur le Transsaharien se répartiront d'une manière très inégale dans les deux sens. On trouve, en effet, que le tonnage total des marchandises acheminées vers le nord sera de 262,000 tonnes, tandis que les envois vers le sud ne porteront que sur 107,000 tonnes. D'après cela, on aura par jour :

Transports vers le nord = environ 700 tonnes.
— vers le sud = environ 300 tonnes.

Ces prévisions de tonnage étant admises et les poids-limites des trains (ainsi que les charges utiles par trains complets) étant donnés par le tableau ci-dessus pour les différentes sections du Transsaharien, voici comment nous organiserons la circulation journalière des trains :

*Trains dans la direction du Tchad à Biskra.*

| | | | |
|---|---|---|---|
| Tonnage total à transporter (tonn. utile) | 700 tonnes. | | |
| Déclivité maxima du parcours | 0m,005 | 0m,010 | 0m,016 |
| Tonnage maximum par train (tonn. utile). Tonnes. | 346 | 202 | 130 |
| Nombre des trains : | | | |
| — Journaliers | 2 | 3 | 5 |
| — Supplémentaires (tous les 2 jours) | » | 1 | 1 |
| — Moyenne totale par jour | 2 | 3 1/2 | 5 1/2 |
| Longueur totale du parcours. Kilom. | 1.960 | 630 | 510 |
| Nombre total des kilomètres de machine à effectuer. Kilom. | 3.920 | 2.205 | 2.805 |

Total des kilomètres de machine à effectuer par jour du sud au nord : 8,930.

*Trains dans la direction de Biskra au Tchad.* — Les expéditions du Tchad à Biskra s'élevant à 700 tonnes environ par jour, la tête de ligne du Transsaharien, c'est-à-dire Biskra, recevra tous les jours $\frac{700}{8} = 88$ wagons. Mais les transports en sens inverse n'étant que de 300 tonnes, pour lesquelles il faut seulement $\frac{300}{8} = 38$ wagons, la gare de Biskra devra renvoyer journellement vers le sud : $88 - 38 = 50$ wagons vides, lesquels représentent une charge totale de $50 \times 5 = 250$ tonnes.

| | | | |
|---|---|---|---|
| Tonnage total à transporter : | | | |
| — Charge utile en marchandises. Tonnes. | 300 | | |
| — Nombre des wagons chargés | 38 | | |
| — Nombre des wagons vides à renvoyer | 50 | | |
| — Nombre total des wagons | 88 | | |
| — Poids total des wagons. Tonnes. | 440 | | |
| — Tonnage total. Tonnes. | 740 | | |
| Déclivité maxima du parcours | 0m,005 | 0m,010 | 0m,016 |
| Poids-limite par train (déduction faite des 24 tonnes prévues pour voyageurs, bagages, etc.). Tonnes. | 566 | 333 | 211 |
| Nombre des trains : | | | |
| — Journaliers | 1 | 2 | 3 |
| — Supplémentaires : tous les 2 jours | » | » | 1 |
| — — tous les 3 jours | 1 | » | » |
| — — tous les 4 jours | » | 1 | » |
| — Moyennes totales par jour | 1 1/3 | 2 1/4 | 3 1/2 |
| Longueur totale du parcours. Kilom. | 1.960 | 630 | 510 |
| Nombre total de kilomètres de machine à effectuer. Kilom. | 2.615 | 1.420 | 1.785 |

Total des kilomètres de machine à effectuer par jour du nord au sud : 5,820.

*Récapitulation des kilomètres de machine.*

| | | |
|---|---|---|
| Circulation du sud au nord | Kilom. | 8.930 |
| — du nord au sud | | 5.820 |
| Total | Kilom. | 14.750 |

Mais, en réalité, le parcours moyen des 1,000 tonnes à transporter par jour sur le Transsaharien sera de 2,755 kilomètres, ainsi qu'il a été dit plus haut, et non de 3,100 kilomètres, longueur totale de la ligne. En conséquence, le chiffre réel du nombre total de kilomètres de machine à effectuer journellement sera de $\frac{2,755}{3,100} \times 14,750$ kilomètres $=$ 13,110 kilomètres; en y ajoutant, pour les manœuvres, environ 5 0/0 (690 kilom.), on arrive à un total de 13,800 kilomètres de machine.

VI. *Frais d'exploitation.* — Les dépenses de traction sur les lignes algériennes à voie normale ne dépassent, en aucun cas, 1 fr. 20 par kilomètre brut de machine. Pour les lignes à la voie de 1 mètre, ce chiffre peut être réduit à 1 fr. 10, au moins.

En majorant de 50 0/0 cette dépense de 1 fr. 10, on tiendra largement compte (1) : *a.* des frais de transport au delà de Biskra, tant pour le combustible que pour les matières premières destinées aux ateliers de réparation ; *b.* de l'usure plus rapide des locomotives et du matériel roulant, par suite de la pénétration dans les organes moteurs des sables soulevés par le vent ; *c.* des difficultés que présentera le fonctionnement des ateliers de réparation dans les régions de l'extrême sud.

Les frais de traction seront ainsi portés à 1 fr. 65 par kilomètre brut de machine : soit, au total, par jour à $13,800 \times 1.65 = 22,770$ francs. Cela équivaut à une dépense annuelle par kilomètre exploité de $\frac{22,770 \times 365}{3,100}$ $=$ 2,680 francs.

Pour ce qui est ensuite des dépenses d'entretien de la voie [entretien des travaux proprement dits (2), renouvellement de la voie (3)], ils ne dépasseront pas, sur le Transsaharien, 1,500 francs par kilomètre et par an.

Enfin, d'après une estimation faite spécialement en vue du Transsaha-

(1) La majoration sera, en réalité, plus forte encore, puisque le prix indiqué de 1 fr. 20 s'applique à des réseaux d'une longueur totale inférieure à 1,000 kilomètres et que le développement du Transsaharien atteindra 3,100 kilomètres. Les frais généraux et les frais de réparation du matériel roulant n'augmentent pas proportionnellement au nombre des kilomètres exploités, en sorte que, pour un réseau trois fois plus grand, et toutes circonstances égales d'ailleurs, la dépense par kilomètre brut de machine serait certainement moins élevée que celle de 1 fr. 20, constatée sur les lignes algériennes.

(2) La moyenne de ces frais d'entretien sera certainement beaucoup moindre que sur la plupart des chemins de fer, en raison du peu d'importance des terrassements, des ouvrages d'art, etc., sur l'ensemble du Transsaharien.

(3) Avec les rails d'acier, l'usure est très lente (sauf sur les fortes rampes, dans les courbes de faible rayon, etc.), et c'est surtout la détérioration des rails qui doit servir de base pour évaluer leur renouvellement. (Voir les expériences de M. Couard, *Revue Générale des chemins de fer*, juillet 1889.)

rien, les dépenses correspondant au service de l'exploitation proprement dite seraient de 1,320 francs par an (1).

Additionnant ces trois chapitres des frais d'exploitation (2), on trouve qu'au total, ils ressortiront à 5,500 fr. par kilomètre et par an (3).

(1) Comme frais généraux et d'administration, cette estimation comprend les dépenses du service central en Algérie. Quant aux dépenses de la direction générale à Paris, elles ne seraient pas imputées au budget spécial du chemin de fer transsaharien, dans le cas d'une grande Compagnie coloniale, qui est celui que je prévois.

(2) L'*Engineering* du 28 novembre — *(Indian Railway Trafic)* — donne les renseignements suivants sur les frais d'exploitation des lignes de l'Hindoustan :

| | Pour 100 des recettes. | Prévisions correspondantes pour le Transsaharien. |
|---|---|---|
| a. Traction . . . . . . . . . . . . . . . . . . | 21.31 | 26.80 |
| b. Entretien de la voie. . . . . . . . . . . | 14.65 | 15 » |
| c. Exploitation proprement dite. . . . . . . | 13.06 | 13.20 |
| Frais totaux d'exploitation . . . . . | 49.02 | 55 » |

Or, le réseau de l'Hindoustan se trouve, sous plusieurs rapports, dans des conditions analogues à celles qui se présenteront sur le Transsaharien. Il est à la voie de 1 mètre, comme le Transsaharien projeté. Le climat des Indes anglaises n'est pas moins fatigant que celui du désert africain ; peut-être même la chaleur y est-elle plus accablante. La comparaison qui ressort du tableau précédent n'est donc pas sans valeur, et je ferai observer à ce propos : 1° que si l'estimation des frais de traction sur le Transsaharien est beaucoup plus élevée que les dépenses correspondantes sur les lignes de l'Hindoustan, cela tient aux sujétions spéciales qui résultent de la traversée du désert ; 2° que l'estimation pour l'entretien de la voie sur le Transsaharien semble relativement très large, étant donné qu'au Sahara, il n'y aura ni ouvrages d'art, ni remblais très élevés, ni travaux de défense contre les inondations, etc. ; qu'on rencontrera partout des terrains résistants et qu'on n'aura à s'occuper que des accumulations des sables ; 3° que l'estimation des frais de l'exploitation proprement dite, sur le Transsaharien, est sensiblement égale aux frais correspondants des lignes de l'Hindoustan, ce qui paraît justifié par les conditions analogues où celles-ci fonctionnent.

(3) Ce chiffre de 5,500 fr. correspond à :

$$\frac{5{,}500 \times 3{,}100}{365 \times 13{,}800} = 3 \text{ fr. } 36$$

pour les frais totaux d'exploitation par kilomètre brut de machine. — Or, d'après l'*Engineering* du 25 novembre 1890, les frais correspondant sur le réseau à la voie de 1 mètre, actuellement en exploitation dans l'Hindoustan, ne dépassent pas 3 fr. 15. — Sur ce réseau, le charbon revient jusqu'à 75 fr. la tonne rendue aux dépôts, et c'est là un prix plus que suffisant pour le Transsaharien. En effet, le charbon coûte 35 fr. sur quai à Philippeville. La distance moyenne de transport sera de $330^k + \frac{3{,}100^k}{2} = 1{,}880^k$, et le prix correspondant de transport, avec le tarif minimum de 0 fr. 018 auquel j'arriverai plus loin, sera de 33 fr. 84. Le prix total du combustible ne s'élèvera donc pas au-dessus d'une moyenne de 70 fr. — Il reste, comme inconvénients spéciaux sur le Transsaharien, la mauvaise qualité des eaux et l'usure par les sables que soulèvent les vents du désert. Mais, d'un autre côté, la ligne de Biskra au Tchad a un tracé bien plus favorable que ceux des chemins de fer de l'Hindoustan, où règnent des déclivités de $0^m{,}015$ et $0^m{,}020$, avec des courbes de 300 mètres de rayon. Dans ces conditions, la différence de 3 fr. 36 à 3 fr. 15 = 0 fr. 21, par kilomètre brut de machine, est suffisante pour qu'il n'y ait pas de mécomptes dans l'estimation des frais sur le Transsaharien.

VII. — Conclusions. 1° *Tarif moyen.* — J'ai dit, en commençant, que la somme nécessaire au service annuel des intérêts et de l'amortissement du capital de premier établissement du chemin de fer serait de 4,500 francs par kilomètre. Nous venons de voir que les dépenses annuelles d'exploitation de cette ligne seraient de 5,500 francs par kilomètre. Cela fera un total de 10,000 francs de frais par kilomètre.

On arrive ainsi à cette conclusion que, pour que le Transsaharien fasse ses frais, la recette kilométrique devra être, en moyenne, de 10,000 francs.

L'appoint des recettes à prévoir du fait du mouvement des voyageurs a été fixé, dans mon étude sur le trafic, à la somme de 730 francs par kilomètre. La recette kilométrique à provenir des expéditions de marchandises sera réduite, en conséquence, à 9,270 francs. La recette totale que les marchandises devront fournir sera donc de 9,270 × 3,100. Or, le nombre annuel des tonnes kilométriques étant égal à 369,000$^{t}$ × 2,755$^{k}$, une simple division donne la taxe moyenne par tonne et par kilomètre qui devra être appliquée sur le Transsaharien.

Cette taxe moyenne ressort 0 fr. 028 (1).

(1) Les considérations que je viens de développer et qui me conduisent à prévoir le tarif moyen de 0 fr. 028 sur le Transsaharien, n'ont porté que sur le chemin de fer de 3,100 kilomètres à construire de Biskra au Tchad. Mais je dois faire observer que, dans mon étude précédente sur le trafic du Transsaharien, j'ai supposé que le même tarif moyen (ainsi que les tarifs spéciaux que j'en déduis plus loin) serait mis en vigueur à partir de la Méditerranée, c'est-à-dire sur les 330 kilomètres déjà en exploitation de Philippeville à Biskra. Or, on m'a objecté, — non sans quelque apparence de raison, — que des tarifs aussi réduits semblaient inapplicables sur les lignes existantes de Philippeville à Constantine et de Constantine à Biskra, et qu'ils ne seraient pas consentis par les Compagnies intéressées (Paris-Lyon-Méditerranée et Est-Algérien), ni par l'État. — Voici ma réponse. D'après mes prévisions, il y aura, du fait du Transsaharien, 1,000 tonnes de plus à transporter journellement entre Biskra et Philippeville. Supposons qu'on leur applique le tarif moyen de 0 fr. 028 : la tonne de marchandises paiera 330 × 0 fr. 028 = 9 fr. 24 ; la recette totale pour 1,000 tonnes sera donc, par jour, 9 fr. 24 × 1,000 = 9,240 francs. — D'autre part, il est facile de calculer quels seront les frais correspondants pour les Compagnies de Paris-Lyon-Méditerranée et de l'Est-Algérien. Les trains supplémentaires à créer seront de 7 à la montée de Biskra et de 3 à la montée de Philippeville (la charge utile ne pouvant être supérieure à 100 tonnes, en raison des rampes très longues qui se rencontrent dans les deux sens). Le total général des dépenses supplémentaires (traction, entretien, exploitation proprement dite) sera de 7,000 francs, en chiffres ronds. — Ces dépenses seront donc largement couvertes par l'application du tarif moyen de 0 fr. 028 à une circulation journalière de 1,000 tonnes. D'où cette conclusion qu'il devra être possible, facile même, de trouver une combinaison en vertu de laquelle la grande Compagnie coloniale, qui exploitera le Transsaharien, serait autorisée à faire ses expéditions de Philippeville à Biskra et *vice versa*, contre le paie-

2° *Tarifs spéciaux.* — Il me reste, finalement, à déduire de la taxe moyenne de 0 fr. 028 les tarifs spéciaux dont on frappera les différentes catégories de marchandises pour chaque distance de transport.

A cet effet, j'ai appliqué le principe des tarifs différentiels (ou à base kilométrique décroissante), en me servant plus particulièrement du système des tarifs paraboliques, auquel le *Génie civil* a récemment consacré une étude très intéressante (1). Ce dernier système réalise, mieux que tout autre, les conditions essentielles d'une diminution continue de la base, proportionnellement à l'augmentation de la distance.

La formule générale des tarifs paraboliques s'écrit de la manière suivante (2) :

$$y = px - \text{P}.\left(\frac{x}{100}\right)^2$$

dans laquelle :

$$\text{P} = 100\,\frac{p - p_1}{\left(\frac{a}{100}\right)}.$$

Cette formule ne fournit évidemment qu'une seule taxe pour chaque parcours, — taxe qu'il y aura lieu ensuite de considérer, à son tour, comme la moyenne des tarifs à imposer aux marchandises de natures différentes.

Etant donné que, sur la totalité du tonnage prévu (soit 369,000 tonnes), est 4/5 environ (soit 291,000 tonnes) (3) seront transportés d'une extrémité à l'autre de la ligne ferrée, la base kilométrique finale ne saurait s'écarter beaucoup de la moyenne générale, fixée à 0 fr. 028. Je ne l'ai abaissée qu'à 0 fr. 026 : réduction très modeste, mais qui me suffit pour établir sur le Transsaharien des tarifs minima, permettant de lutter avec succès (et en tout état de cause) contre la voie fluviale et maritime par la Bénoué et le bas Niger. Je pose donc : $p_1 = 0$ fr. 026.

---

ment aux Compagnies de Paris-Lyon-Méditerranée et de l'Est-Algérien de tous les frais qu'entraînera la circulation des trains correspondants (au besoin, avec un bénéfice de 10 ou 15 0/0, à titre d'indemnité, pour le libre parcours consenti au profit de l'entreprise du Transsaharien).

(1) Couran. — Tarifs paraboliques et hyperboliques. Nouvelle méthode d'unification des tarifs différentiels (*Génie Civil* des 1er et 15 novembre 1890).

(2) $y =$ la taxe totale pour la distance de $x$ kilomètres; $p =$ la base kilométrique initiale; $p_1 =$ la base kilométrique finale; $a =$ la distance totale correspondant à la base kilométrique $p_1$.

(3)

| | | |
|---|---|---|
| Importations au Soudan central | Tonnes. | 24.000 |
| Exportations du Soudan central | | 252.000 |
| Transport de sel de Biskra au Tchad | | 15.000 |
| Total | Tonnes. | 291.000 |

Quant à la base kilométrique initiale $p$, elle ne peut être inférieure à 0 fr. 06 (4). On trouve ainsi, en tenant compte de ce que $a = 3{,}100$ kilomètres :

$$P = 100 \frac{0{,}06 - 0{,}026}{\left(\frac{3{,}100}{100}\right)} = 0{,}11,$$

et, par suite :

$$y = 0{,}06\, x - 0{,}11 \left(\frac{x}{100}\right)^2.$$

C'est d'après cette formule qu'ont été calculées les taxes adoptées dans l'étude sur le trafic, pour les transports aux différentes gares du Transsaharien.

*Biskra-El Biodh :* $x = 800$ kilom.; $y = 40$ fr. 96; tarif par tonne kilométrique = 0 fr. 05;

*Biskra-Amguid, Amadrhor, Bir-Asiou :* $x = 1{,}400$ kilom.; $y = 62$ fr. 44; tarif par tonne kilométrique = 0 fr. 045;

*Biskra-Tin Telloust :* $x = 2{,}300$ kilomètres; $y = 79$ fr. 81; tarif par tonne kilométrique = 0 fr. 035;

*Amadrhor-Tchad :* $x = 1{,}800$ kilomètres; $y = 72$ fr. 36; tarif par tonne kilométrique = 0 fr. 045.

En ce qui regarde la spécialisation des tarifs se rattachant à la base kilométrique finale de 0 fr. 026, il convient de faire remarquer : 1° que l'importation du sel de Biskra au Soudan central ne sera possible qu'avec un tarif très bas, soit 0 fr. 02; 2° que les marchandises européennes à expédier vers le Tchad, tels que les tissus et les cotonnades, les fers (lames et tiges), la poudre, etc., pourront supporter des taxes assez élevées, soit 0 fr. 05 comme moyenne; 3° qu'enfin les exportations du Soudan central comprendront quatre catégories de matières, dont la première (celle des articles de valeur) paiera sans inconvénient un tarif de 0 fr. 08, et dont la seconde (dans

(4) En appliquant au total de 291,000 tonnes, et sur une distance de 3,100 kilomètres, la taxe de 0 fr. 026, au lieu de celle de 0 fr. 008, les recettes prévues sur le Transsaharien sont en perte de 291,000 × 0 fr. 002 = 582 francs par kilomètre, et de 582 fr. × 3,100 = 1,804,200 francs sur l'ensemble de la ligne. Pour combler ce déficit, il faudra relever les taxes appliquées aux 78,000 tonnes restantes du trafic saharien. Ces 78,000 tonnes fournissent le nombre suivant de tonnes kilométriques : (15,000 × 800) + (8,000 × 1,400) + (25,000 × 2,300) + (20,000 × 800) + (10,000 × 1,800) = 114,700,000 tonnes kilométriques. D'où il résulte, pour le taux de l'augmentation par tonne kilométrique :

$$\frac{1{,}804{,}200}{114{,}700{,}000} = 0 \text{ fr. } 016.$$

La taxe moyenne à appliquer aux 78,000 tonnes sera donc de 0 fr. 028 + 0 fr. 016. = 0 fr. 044. — Le calcul montre que, pour arriver à ce résultat, il faut partir d'une base kilométrique de 0 fr. 06.

laquelle rentrent les peaux et les cuirs, le caoutchouc et la gutta-percha, etc.) pourra être taxée à 0 fr. 035. Par contre, les 3e et 4e catégories, qui comporteront des matières de moindre valeur, lourdes et encombrantes, nécessiteront des tarifs beaucoup plus réduits, que j'ai fixés respectivement à 0 fr. 025 et à 0 fr. 018.

Il suffit d'un simple calcul pour vérifier qu'avec les taxes spéciales ainsi établies, le total des recettes par kilomètre égalera et dépassera même le montant obtenu par l'application de la base kilométrique finale de 0 fr. 026 à l'ensemble des 291,000 tonnes, prévues comme devant effectuer le parcours intégral des 3,100 kilomètres (1).

Ainsi se trouvent justifiés les tarifs spéciaux que j'avais admis dans mon étude sur le trafic du Transsaharien, — y compris les tarifs minima de 0 fr. 025 et 0 fr. 018 (2).

Bien que ces derniers tarifs puissent paraître, au premier abord, exceptionnellement bas, ils ne sont pas sans exemple. Ainsi, aux États-Unis, on en trouve d'analogues, couramment appliqués sur des lignes exploitées dans des conditions normales et faisant leurs frais (3).

Affirmer que le Transsaharien ne pourra pas transporter à des prix aussi reduits ne suffit pas; encore faudrait-il rétorquer, point par point, l'argumentation qui précède. Certes, je ne prétends pas que, dans une question aussi complexe et aussi difficile, certaines parties de détail de ma thèse ne doivent être rectifiées par la suite; mais, dans son ensemble et dans ses parties essentielles, je la crois solidement établie.

---

(1) On a, en effet,

| | | |
|---|---|---|
| 15.000 × 0 fr. 02 | = | 300 francs. |
| 24.000 × 0 fr. 05 | = | 1.200 — |
| 2.000 × 0 fr. 08 | = | 160 — |
| 50.000 × 0 fr. 035 | = | 1.750 — |
| 100.000 × 0 fr. 025 | = | 2.500 — |
| 100.000 × 0 fr. 018 | = | 1.800 — |
| | | 7.710 francs. |

et, d'autre part,

291.000 × 0 fr. 026 = 7.566 francs.

(2) Le tarif 0 fr. 018 ne constitue même pas une limite extrême et pourrait subir encore une légère réduction, s'il était nécessaire.

(3) Sur les lignes entre Chicago et New-York, les matières encombrantes, et notamment les céréales, ne paient que 0 fr. 02 par tonne kilométrique. — Sur les chemins de fer de l'Illinois, aboutissant à Chicago, la taxe moyenne par kilomètre est seulement de 0 fr. 016, avec une distance moyenne de transport égale à 158 kilomètres (*Engineering* du 5 décembre 1890. The Chicago International Exhibition of 1893). Cette taxe, extrêmement faible eu égard aux parcours peu importants, s'explique pa rl'intensité extraordinaire du trafic qui s'élève, au total, à 45 millions de tonnes par an.

D'ailleurs, — ajouterai-je en terminant, — il est fort probable que nous ne serons pas forcés de descendre jusqu'à l'extrême limite des tarifs prévus sur le Transsaharien, pour lutter contre la concurrence des voies navigables de la Bénoué et du bas Niger. On commence à se rendre compte que la valeur de ces voies navigables avait été vraiment surfaite (1). Elles ne pourront jamais, j'en ai l'intime conviction, — et mon opinion est partagée par des africanistes autorisés, — devenir des artères commerciales de grande importance. Pour ceux qui croient aux éléments d'un trafic considérable entre le Soudan central et l'Europe, il ne doit pas y avoir de doute : l'avenir est au Transsaharien.

GEORGES ROLLAND.

---

(1) Une preuve nouvelle et bien topique en a été fournie, cette année même, par la mission Mizon, qui a été immobilisée dans le bas Niger depuis la baisse des eaux (depuis le commencement de décembre), attendant que la crue prochaine permît à son petit vapeur, calant seulement trois pieds, de remonter la Bénoué (ce qui ne peut avoir eu lieu qu'en mai). — Voir les dernières nouvelles de la mission, reçues par M. Tharel, président du syndicat du Haut-Benito et de l'Afrique centrale, et publiées par le *Journal des Débats* du 9 avril 1891.

# X

## RÉPONSE A M. DE VOGUÉ. — LA PÉNÉTRATION AFRICAINE

*(Extrait de l'*Expansion Coloniale *du 28 mars 1891.)*

Parmi les récents travaux qui cherchent à définir l'œuvre réservée à la France en Afrique, l'étude magistrale de M. de Vogué sur les *Indes Noires* (1) occupe de droit une place à part. Le brillant écrivain croit qu'il faut agir, et très vite, car le gain des grosses parties, dans ce continent tant convoité, n'est plus une question d'années, mais de jours et d'heures. Quant à l'instrument susceptible d'entreprendre une action efficace, il ne saurait être que la Grande Compagnie, dont M. de Vogué esquisse à grands traits le cadre et les lignes essentielles.

Ce sont là des idées larges et fécondes que l'auteur des *Indes Noires* développe avec une véritable hauteur de vues, et dans ce style si attachant grâce auquel il tient ses lecteurs sous le charme. Tous reconnaîtront avec lui qu'il y a un intérêt de premier ordre à précipiter sur ce monde nouveau d'Afrique les forces vives de la France. Mais plusieurs se demanderont si ce n'est pas se montrer trop exclusif que de vouloir lancer cette poussée suivant une seule direction, et de lui indiquer la route du Sénégal comme l'unique voie réellement praticable pour la pénétration vers l'intérieur.

Telle est, en effet, la question que soulève le programme exposé par M. de Vogué, et qui semble, d'ailleurs, s'être présentée à l'esprit de l'écrivain lui-même. Car, après avoir conclu contre le rattachement immédiat de l'empire soudanais à la grande colonie méditerranéenne,

(1) *Revue des Deux Mondes* du 1er novembre 1890.

— c'est-à-dire contre l'établissement à bref délai du chemin de fer transsaharien, — il finit cependant par admettre la nécessité d'une prompte marche en avant dans le Sud algérien, au moins jusqu'à Ouargla. Quant à la continuation ultérieure, l'auteur, sans en écarter l'éventualité, la subordonne nettement aux résultats obtenus sur le Niger, où il recommande de concentrer l'action principale.

Le rôle prépondérant dans la lutte pour la suprématie économique à l'intérieur se trouverait ainsi dévolu aux possessions du Sénégal, tandis que la participation de l'Algérie ne serait que très effacée, du moins pour longtemps. Or, les chances de succès d'une pareille combinaison paraissent fort incertaines, et il est permis de douter qu'elle constitue la meilleure solution du problème africain. Il semble plutôt que celle-ci doive être cherchée en une pénétration simultanée et convergente, telle que l'ont proposée MM. le général Philebert et l'ingénieur Rolland (1), — pénétration prenant ses points de départ aux deux bases d'opérations dont la France dispose sur la Méditerranée et sur l'Atlantique.

C'est à justifier cette manière de voir que je me suis attaché dans les pages qui vont suivre. Bien entendu, il n'entre pas dans ma pensée de rapetisser la tâche dont l'accomplissement incombe au Sénégal; j'essaierai simplement de montrer que l'Algérie est appelée à jouer un rôle d'importance au moins égale.

***

M. de Vogué constate l'existence de deux écoles qui préconisent des solutions différentes pour la grande entreprise africaine. Les Soudanais voient sur le Sénégal et le Niger le pivot de l'empire à créer; les Algériens et les partisans du Transsaharien entendent rattacher cet empire aux anciens États barbaresques. Les uns veulent diriger les courants commerciaux de l'est à l'ouest, vers l'Atlantique; les autres proposent de les canaliser du sud au nord, vers la Méditerranée.

On est généralement porté à croire, et on l'admet sans hésiter, que ces deux écoles se trouvent en opposition formelle. Ce qui ne paraît que trop certain, en tous cas, c'est qu'elles se combattent et se contrecarrent au détriment de la cause dont leurs efforts communs devraient

---

(1) Général PHILEBERT et GEORGES ROLLAND : *la France en Afrique et le Transsaharien* (Challamel, éditeur, 1890).

tendre à assurer le succès. Il y a là un état de choses excessivement regrettable qu'il importe de faire cesser. Or, ce résultat ne semble pas aussi malaisé à obtenir qu'on pourrait le supposer au premier abord.

Car enfin, pourquoi cette rivalité entre Soudanais et Algériens? Visent-ils le même objectif, et l'action de ceux-ci menacerait-elle d'élever une barrière en face de ceux-là? En aucune façon, et ce point essentiel, sur lequel on n'a pas assez insisté, mérite d'être mis en pleine lumière.

Le programme pour la pénétration par le Sénégal et le Niger prévoit l'ouverture de la navigation sur ce dernier fleuve jusqu'à Saï, qui deviendrait l'entrepôt du Soudan central, directement relié à Saint-Louis et à Dakar au moyen des voies fluviales et ferrées. Mais poursuivre la réalisation de ce but, certainement très séduisant, serait s'abandonner à une illusion qui ne durerait pas longtemps. En effet, le rayon d'attraction de la base d'opérations sur l'Atlantique, si considérable que soit l'étendue qu'on lui attribue, ne saurait cependant s'accroître d'une manière indéfinie. Il comportera forcément une longueur maximum qui marquera la limite extrême de la sphère d'influence des possessions sénégalaises.

Celles-ci ne pourront donc prétendre à une action quelconque sur les territoires situés à une plus grande distance vers l'intérieur; toutefois, il ne leur sera évidemment pas indifférent de savoir quel voisin viendra s'installer sur leurs frontières. Aussi bien, les Soudanais éprouveront-ils, sans doute, une vive satisfaction si, en empruntant une voie de pénétration autre que la leur, la France réussit à mettre également la main sur ces territoires éloignés qui leur échapperont à tout jamais.

Or, c'est précisément le desideratum des Algériens qui veulent lancer le Transsaharien dans la direction du lac Tchad, suivant le tracé Philebert-Rolland (seul tracé, d'ailleurs, qu'admette M. de Vogué pour le chemin de fer). Il semble donc que l'entreprise poursuivie par les Africains du Nord ne puisse porter ombrage aux Occidentaux; bien au contraire, les uns et les autres retireront le plus grand profit d'une action simultanée et convergente, qui leur permettra de se soutenir mutuellement dans leur marche en avant.

Ceci étant admis en principe, il s'agit de déterminer la ligne de séparation entre les deux zones d'influence, et de fournir ainsi la preuve que la première ne prendra pas un développement excessif aux dépens de la seconde. Ce problème se résume en une comparaison des frais de transport venant grever les marchandises expédiées, d'une part, par la route de terre vers le nord, et acheminées, d'autre part, par la voie fluviale et maritime de l'ouest. La discussion se trouvant dès lors remplacée par le calcul, il faut laisser la parole aux chiffres.

***

La création de courants commerciaux entre le Soudan et l'Atlantique exige l'achèvement préalable jusqu'à Bammako ou à Koulikoro du chemin de fer déjà établi de Kayes à Bafoulabé et à Badoumbé. Cette entreprise comprend l'exécution de 342 kilomètres de ligne nouvelle, puis la transformation des 224 kilomètres existants qui doivent être ramenés à la même largeur de voie, soit $0^{m},60$, soit 1 mètre. Ainsi que le fait observer avec raison M. de Vogué, un pareil projet n'a rien d'exorbitant.

En admettant donc que l'on ait ce railway à sa disposition, le transport des matières lourdes et encombrantes, pour lequel le bon marché importe le plus, entraînera les dépenses suivantes :

1° Navigation de Kayes à Bordeaux ou à Marseille : fret, 60 à 70 francs la tonne ;

2° Chemin de fer de Koulikoro à Kayes, longueur 566 kilomètres : 0 fr. 05 la tonne kilométrique, soit au total 28 fr. 30 par tonne ;

3° Navigation sur le Niger de Saï à Koulikoro, distance d'au moins 1,600 kilomètres. Entre Kayes et Saint-Louis, sur un parcours de 1,029 kilomètres, le fret est de 40 francs la tonne, soit d'environ 0 fr. 04 par tonne kilométrique. En évaluant donc à 0 fr. 02 le taux à appliquer sur le moyen Niger qu'il s'agit de remonter pour l'exportation, on adopte un chiffre très modéré. D'où une dépense totale de 32 francs.

4° Transbordements, à Koulikoro d'abord, à Kayes ensuite : chaque opération à 3 francs, soit ensemble 6 francs.

Il résulte des chiffres précédents que, dans les cas les plus favorables, les frais de transport de Saï à Bordeaux ou à Marseille s'élèveront à 126 fr. 30 la tonne pour les marchandises soumises aux taxes les plus faibles.

Mais M. de Vogué ne s'arrête pas au coude du Niger. Il risque cette hypothèse que, par un coup d'audace, on réussira peut-être à jeter une voie ferrée sur la ligne de démarcation Saï-Barroua vers le

Tchad. Ce railway prendra alors le Haut-Soudan en écharpe et devra attirer une partie de son trafic vers la colonie sénégalaise.

La distance totale à franchir du Niger au Tchad atteint environ 1,200 kilomètres. A supposer qu'avec un tel parcours on puisse descendre à un tarif moyen de 0 fr. 045 et à un minimum de 0 fr. 035 pour les matières lourdes, le transport coûtera toujours 42 francs par tonne, ce qui porte finalement à 168 fr. 35 les frais correspondants du Tchad aux ports de débarquement en France.

Or, M. Rolland a démontré, dans sa remarquable étude sur le trafic du Transsaharien, qu'entre les mêmes points de départ et d'arrivée, les frais d'expédition s'élèveront, pour les marchandises encombrantes, à 72 fr. 20 la tonne par la ligne ferrée vers le nord, et à 76 francs par la voie de la Bénoué et du bas Niger.

En admettant donc, pour un instant, l'hypothèse d'un railway allant de Saï à Barroua, les marchandises expédiées du Niger par cette voie et acheminées sur la France par le Transsaharien payeront jusqu'à Marseille 72 fr. 20 + 42 fr. = 114 fr. 20, tandis qu'elles seront grevées de 126 fr. 30, en suivant la route du moyen Niger et du Sénégal. On arrive ainsi à cette conclusion que la route du Niger (Saï) marquera la limite de la sphère d'influence des possessions sénégalaises (1). Et cela en tout état de cause, car, si l'on écarte l'intervention du Transsaharien, ce sera la voie anglaise par la Bénoué qui finira par accaparer tous les échanges du Soudan central.

On peut donc considérer comme acquis que le Transsaharien n'empêchera nullement la colonie du Sénégal d'étendre son action jusqu'à l'extrême limite ; la voie ferrée vers le nord aura exclusivement pour résultat d'enlever aux Anglais la suprématie économique sur une grande partie du Soudan central. L'objectif des Algériens est donc complètement différent de celui des Soudanais.

Si M. de Vogüé aboutit à des conclusions différentes, c'est qu'il admet *a priori*, pour le drainage des produits du Soudan central, la supériorité indiscutable des voies fluviales et maritimes sur la ligne ferrée vers le nord.

(1) Au lieu d'un entrepôt, Saï sera donc un terminus.

Les calculs présentés plus haut démontrent déjà que cette manière de voir est loin d'être exacte. Mais le simple énoncé des chiffres ne suffit pas pour établir une comparaison complète entre les deux itinéraires ; il faut, en outre, faire entrer en ligne de compte les conditions dans lesquelles s'effectuent les transports, et l'examen de ces conditions accentue encore les avantages que présente le chemin de fer.

En premier lieu, la navigation est particulièrement difficile sur le Niger comme sur le Sénégal. Pendant la période des basses eaux, les avisos ne remontent ce dernier fleuve que jusqu'à Mafou, situé à l'est de Podor (1) ; entre ce point et Bakel on rencontre une quinzaine de passages dangereux. Quant au moyen Niger, de Koulikoro ou de Yamina jusqu'aux environs de Saï, il suffit de lire l'intéressante communication de M. le lieutenant de vaisseau Caron à la Société de Géographie de Paris (2) pour se rendre compte des nombreux obstacles qu'il faudra franchir sur ce parcours.

Voilà déjà bien des sujétions qui ne sont pas de nature à favoriser le bon marché des transports (3). Mais au moins pourra-t-on en venir à bout avec des bâtiments solidement construits et n'ayant qu'un faible tirant d'eau, comme ceux déjà en service sur le Congo, le Zambèze et au Tonkin. Par contre, comment remédier au grave inconvénient qui résultera de l'interruption annuelle de la navigation à la suite de la baisse périodique des eaux ? M. Caron arrive à cette conclusion probable qu'il n'est possible d'effectuer le trajet direct entre Saï et Yamina que pendant quinze jours, peut-être un mois par an, dans les environs du 15 novembre au 15 décembre. Ne semble-t-il pas très hasardeux, en présence d'un pareil état de choses, de choisir le moyen Niger comme artère principale pour les courants

---

(1) *Les Colonies françaises*, Exposition coloniale de 1889. V. Colonies d'Afrique, pp., 70-71.

(2) Compte rendu de la séance du 7 novembre 1890, pp. 421-427.

(3) La taxe kilométrique de 0 fr. 02 par tonne, appliquée plus haut pour la navigation sur le Niger, n'est donc certainement pas exagérée. M. Rolland, dans son étude sur le trafic du Transsaharien, taxe les matières encombrantes à raison de 0 fr. 01 par tonne kilométrique sur la Bénoué et le bas Niger, mais les exportations voyageront à la descente le long de cette dernière route, tandis qu'elles devront remonter le fleuve en se dirigeant vers la colonie sénégalaise. C'est ce qui explique le taux très faible de 0 fr. 01 adopté par M. Rolland. D'ailleurs, le promoteur du Transsaharien, soucieux d'impartialité, a visiblement obéi à la préoccupation de réduire au minimum les frais d'expédition à partir du Tchad par la route fluviale et maritime, afin de rendre d'autant plus concluante la comparaison qu'il établit en faveur du Transsaharien comme moyen de transport vers le Nord.

d'échanges entre la côte et l'intérieur ? Des observations analogues s'appliquent à la route fluviale par la Bénoué et le bas Niger.

Aussi bien, et à ne prendre en considération que la régularité ainsi que la facilité des communications, la supériorité du chemin de fer ne saurait-elle être mise en doute. Mais il y a plus. M. Rolland fait observer (1) que le délai d'expédition du lac Tchad à Marseille par le Transsaharien sera de quinze jours au maximum, tandis qu'il faudra compter de cinquante jours à deux mois pour les transports par la voie anglaise du golfe de Bénin. En envisageant, sous ce rapport, l'itinéraire du Sénégal, on trouve que le voyage de Marseille à Saint-Louis prend dix jours et celui de Saint-Louis à Kayes également dix jours. Le trajet sur voie ferrée jusqu'à Koulikoro nécessitera trois jours au moins avec les transbordements ; puis, la navigation sur le Niger demandera de quinze jours à trois semaines. D'où un délai total de quarante à quarante-cinq jours, dans les circonstances les plus favorables, pour atteindre seulement Saï.

N'est-on donc pas en droit de dire que M. de Vogué s'abandonne à un pessimisme exagéré, lorsqu'il nie la possibilité pour le Transsaharien de soutenir la lutte contre les routes maritimes ? M. Rolland a démontré, chiffres en mains, que, loin de décupler les frais de transport, le railway offrira aux marchandises un bon marché auquel ne pourra descendre la navigation par la Bénoué et le bas Niger. D'autre part, il ressort des calculs présentés ci-dessus qu'en aucun cas, que l'on construise ou que l'on ne construise pas le chemin de fer à travers le désert, les produits des régions à l'est de Saï ne passeront par le moyen Niger et le Sénégal. De telles conclusions laissent-elles le moindre doute au sujet de l'utilité du Transsaharien et du rôle que celui-ci est appelé à remplir ?

Et puis, que devient, en l'examinant de près, la qualification de belles voies fluviales que M. de Vogué applique aux artères naturelles de l'Afrique occidentale ? Ni le Niger, ni la Bénoué, ni même le Sénégal ne sont navigables d'une manière continue. En ce qui regarde ce dernier fleuve, M. Bouquet de la Grye estime à 35 ou 40 millions la dépense à faire pour le rendre accessible en tout temps, jusqu'à Bakel, aux navires d'un certain tonnage (2). Quant au moyen Niger et à la

(1) *Le trafic du Transsaharien (Economiste français* des 3, 10 et 17 janvier 1891). — Voir plus haut chapitre VIII, p. 51.

(2) *Les Colonies françaises*, V. p. 70.

Bénoué, il paraît fort douteux qu'on puisse jamais y créer une situation analogue ; en tout cas, les travaux correspondants entraîneraient des frais excessifs. Des fleuves au régime très variable et quelquefois torrentiel, avec des périodes annuelles de basses eaux qui arrêtent à peu près complètement la navigation, sauf celle des chalands et des pirogues, voilà les artères naturelles dont on dispose dans le Soudan occidental et central. Il est à craindre que, réduites à de pareilles voies de communication, les relations commerciales ne soient impuissantes à se développer avec quelque vigueur.

***

Reste une dernière question. M. de Vogué objecte qu'il serait imprudent de s'engager dans le Ouaday au bout d'un ruban de fer hasardeux, à 3,000 kilomètres de la base d'opérations. On ne conçoit pas, ajoute l'auteur, le Transsaharien comme un fil de sonde allant plonger dans l'inconnu ; on le conçoit comme une voie attendue à son extrémité.

Cependant, M. de Vogué reconnaît lui-même la possibilité, non seulement de construire le railway à travers le désert, mais encore de le garder. D'ailleurs, les différents projets élaborés pour le Transsaharien prévoient tous l'établissement de gares fortifiées qui formeront autant de points d'appui pour la marche en avant. La ligne de postes qui jalonnera ainsi le tracé et qui comportera plusieurs centres de ravitaillement d'une certaine importance, ne manquera pas de constituer le chemin de fer en une œuvre très solide, et de garantir, d'une façon absolue, la sûreté, la continuité, de même que la rapidité des communications entre l'Algérie et le Soudan central.

Cette route sera-t-elle donc si hasardeuse, et ne se prêtera-t-elle pas bien mieux, au contraire, à être efficacement défendue que celle venant du Sénégal ? Car enfin, cette dernière qui a pourtant toutes les préférences de M. de Vogué, sera coupée chaque année à la baisse des eaux du moyen Niger ; la majeure partie des positions françaises à créer au sud du Sahara se trouveront alors complètement en l'air, et, au surplus, pour les établir, il faudra bien avancer vers l'inconnu dans les mêmes conditions que pour le railway du désert.

En outre, quelles dépenses exorbitantes entraînera un pareil système de pénétration ! L'auteur des *Indes Noires* recule devant le chiffre de 300 millions auquel s'élève l'estimation du Transsaharien et cherche à démontrer que les résultats à obtenir ne justifient pas un sacrifice aussi considérable. Mais combien coûtera la réalisation du programme des Soudanais ?

L'amélioration du cours du Sénégal, jusqu'à Bakel et à Kayes, exigera 40 millions. L'achèvement de la ligne de Kayes à Koulikoro nécessitera 10 millions pour la transformation et la mise en état des 224 kilomètres de la première section jusqu'à Badoumbé, puis 34 millions pour l'exécution des 342 kilomètres constituant la seconde section encore en projet. Quant aux travaux à entreprendre en vue de faciliter la navigation sur le moyen Niger, il est impossible d'émettre un avis à ce sujet; toutefois, en affectant au parcours de 1,600 kilomètres entre Koulikoro et Saï une somme égale à celle prévue pour la distance de 1,000 kilomètres qui sépare, sur le Sénégal, Kayes de Saint-Louis, on sera certainement au-dessous de la vérité. D'où une nouvelle dépense de 40 millions. Enfin, les 1,200 kilomètres de voie ferrée devant relier Saï au lac Tchad, demanderont, au taux minimum de 110,000 francs, un capital de 132 millions.

On arrive ainsi à 256 millions pour l'établissement de la voie commerciale entre le Tchad et l'Atlantique. Avec 10 à 15 millions de matériel, bâtiments, etc. (1), cela fait un total de 270 millions. A rapprocher cette évaluation des 300 millions du Transsaharien, l'écart semble bien peu considérable, surtout si l'on tient compte de ce que le dernier chiffre constitue un maximum, tandis que l'autre est incontestablement trop faible. Puis, on ne doit pas perdre de vue que le railway direct vers le nord offrira un moyen de communication très supérieure à la combinaison de lignes ferrées et de voies fluviales dans la direction de l'ouest.

En résumé, il ressort des considérations précédentes qu'en matière de pénétration vers l'intérieur africain, il faut se garder des écoles et des solutions trop exclusives. Pas plus que les Algériens, les Soudanais ne sauraient, à eux seuls, mener à bonne fin la tâche qui incombe à la France. Pour assurer le succès, le concours de tous est indispensable; ce ne sera pas de trop d'un mouvement convergent. Il faut

(1) L'African Society, établi dans les Oils-Rivers, a un matériel de 12 millions de francs pour un capital de 25 millions. (*Journal des Débats* du 25 novembre 1890. Lettre d'Angleterre.)

donc avancer simultanément du nord et de l'ouest; au surplus, on n'a pas à craindre que cette double action puisse jamais donner lieu à un conflit d'intérêts. Car la première vise les régions du Soudan central qui sont inaccessibles à la seconde, et celle-ci a pour objectif la boucle du Niger où ne pénétrera point celle-là.

Il y aura donc juxtaposition, et non pas superposition, des sphères d'influence du Transsaharien et du Sénégal. Leur jonction sur le coude du Niger amènera la création effective du grand empire africain, qui recevra son extension finale par la soudure du Congo français à travers le Baghirmi. C'est à préparer ce dernier résultat que travaille actuellement M. Crampel; s'il réussit, et s'il devance les Anglais et les Allemands sur le lac Tchad, comme il est permis de l'espérer, tout dépend de la façon dont la France tirera parti de cette première victoire. Or, dans le développement de la pénétration et dans la consolidation de l'œuvre entreprise, le Transsaharien sera l'un des facteurs essentiels à mettre en jeu.

A. Fock.

# ANNEXES

# ANNEXES

---

## I

### RÉPONSE A M. LE COMMANDANT DEPORTER. — A PROPOS DU TRANSSAHARIEN

(*Extrait du* Bulletin de la Société de Géographie *du 9 janvier 1891.*)

L'*Extrême Sud de l'Algérie*, tel est le titre de l'ouvrage que vient de publier M. le commandant Deporter.

Ce travail très volumineux a nettement pour but de proposer un nouveau tracé de Transsaharien, tracé qui partirait de Biskra, mais qui, de Tougourt, irait sur El Goléa, In Salah et le pays d'Aïr. Je dois avouer que l'auteur ne m'a pas convaincu, et j'essaierai de dire pourquoi ses arguments m'ont paru loin d'être concluants.

Mais d'abord, je tiens à rendre hommage à l'infatigable persévérance de M. le commandant Deporter, qui a réuni, dans ces 450 pages, une quantité énorme de renseignements intéressants, méthodiquement classés et présentés avec beaucoup de clarté. Il publie des tableaux statistiques et topographiques très complets pour les régions du Gourara, du Touat et du Tidikelt; il fournit, en outre, la description détaillée de 67 itinéraires allant jusqu'à Agadès et à Tinbouctou. L'ensemble produit l'impression d'un travail consciencieux et exécuté avec soin; il en est de même de la carte au 1/800,000 qui l'accompagne.

Cela établi, il faut bien reconnaître que les conclusions dont M. Deporter fait suivre son exposé, renferment plusieurs appréciations au sujet desquelles il y a lieu de formuler des réserves très nettes.

M. Deporter jette un cri d'alarme en montrant l'Angleterre, l'Allemagne et la Turquie simultanément en marche vers le Soudan central (1). Il craint avec raison que la France, si elle ne met pas un terme à ses irrésolutions, ne soit bientôt enserrée dans ses possessions actuelles. Or, pour parer à ce danger, le seul projet véritablement pratique est celui qui tend à la construction du Transsaharien.

Après cette déclaration très nette et parfaitement fondée, on s'attendrait à ce que l'auteur se prononçât, comme conclusion, en faveur de la mise en train immédiate des travaux du chemin de fer à travers le désert. Ce n'est donc pas sans quelque étonnement qu'on le voit soutenir un avis tout opposé. M. Deporter estime, en effet, que le Transsaharien ne pourra entrer dans la phase de l'exécution que dans un avenir encore assez éloigné. Car, ajoute-t-il, nous n'avons pas encore su créer une ligne ferrée de la Méditerranée sur les Hauts-Plateaux, où nous sommes installés depuis plus de quarante ans.

J'avoue ne pas comprendre la portée de cette observation. Il est vrai qu'elle s'applique spécialement à la province d'Alger, mais je ne vois aucun rapport entre les railways à établir sur les Hauts-Plateaux du département central et la grande voie de pénétration qui doit franchir le Sahara. Celle-ci, destinée à relier l'Algérie au Soudan, constitue une entreprise d'intérêt national; ceux-là, tout en étant très intéressants et même nécessaires, ne présentent, en somme, qu'un caractère plutôt local. Leur exécution est affaire d'organisation intérieure de la colonie, dont ils viendront accroître l'outillage économique. Seulement, ce serait une profonde erreur que de vouloir subordonner l'ouverture des chantiers du Transsaharien à l'établissement préalable de ces railways de la province d'Alger. M. Deporter partage lui-même cette manière de voir, puisqu'il place à Biskra l'origine de son tracé pour la grande ligne. Mais que signifie dès lors le motif invoqué pour justifier l'ajournement de celle-ci?

En réalité, et en ce qui regarde la prompte réalisation du projet du Transsaharien, aucun retard ne saurait provenir de la question du rattachement au réseau algérien existant. Le rail a déjà été poussé jusqu'au seuil du désert, en sorte que le point de départ se trouve tout indiqué. De Biskra, on peut se lancer droit au sud, et c'est bien là la vraie solution à adopter. Il n'y a pas d'autre moyen pour mettre à néant les efforts de ceux qui, par des mouvements tournants, cherchent à fermer à la France les routes conduisant de l'Algérie au Soudan central.

Aux yeux de l'auteur de *l'Extrême-Sud*, la direction du tracé qui part de Biskra et passe d'abord à Tougourt, se trouve ensuite déterminée par deux considérations essentielles, à savoir, la position défavorable de Ouargla, qui ne serait qu'une impasse sans issue et sans avenir (2), puis la nécessité absolue d'aller au Tidikelt et au Touat.

---

(1) *L'Extrême Sud de l'Algérie* (Alger, 1890, Fontana et C^ie^), p. 436.
(2) *Ibid.*, p. 34.

L'appréciation émise sur le rôle et l'importance de l'oasis de Ouargla ne laisse pas que de soulever de très sérieuses objections. Pour la justifier, M. Deporter s'appuie sur l'avis de M. le lieutenant-colonel de Colomb qui écrivait, il y a trente ans (1), que les routes conduisant de Ouargla à Rhadamès, à Rhat, au Tidikelt et à l'Aouguerout étaient sans importance aucune pour l'Algérie et pour le commerce avec le centre de l'Afrique. Tout cela est encore vrai aujourd'hui, ajoute M. Deporter en reproduisant les paroles de M. de Colomb; puis, il renvoie aux itinéraires de Ouargla à In Salah et à Rhadamès qui figurent dans sa publication, pour constater les difficultés insurmontables s'opposant à l'établissement de relations commerciales, même avec les pays les plus rapprochés de Ouargla.

Je ne songe pas à contester les faits signalés par M. de Colomb, et celui-ci avait parfaitement raison de dire que la route de la France ne saurait être sur les immenses et arides hammada qui vont de Ouargla à Rhadamès et à Rhat. Mais ce que cet officier distingué ne pouvait pas prévoir, c'était la découverte, en 1880, par la première mission Flatters, du gassi de Mokhanza, passage droit comme une rue entre les dunes au sud de Ouargla (2). J'ai vainement cherché la mention de cet événement, pourtant capital, dans le livre de M. Deporter, et c'est ce qui me fait regretter d'autant plus que la carte annexée à ce travail, carte si détaillée pour les territoires au sud-ouest d'El Goléa, ait été traitée d'une façon tellement sommaire, en ce qui regarde la région au sud de Ouargla, que la trouée de Mokhanza n'y figure même pas.

M. Deporter fait, d'ailleurs, complètement abstraction de l'existence de cette trouée. Car, en examinant le tracé du Transsaharien par la province de Constantine, il demande sur quel point on se dirigerait à partir de Ouargla, et il complète cette question par le commentaire suivant, que je cite textuellement (3) : « Droit au sud, au sud-est et au sud-ouest, il n'existe, au point de vue commercial, rien qui puisse nous attirer, le pays, dans ces trois directions, étant absolument désert, dépourvu d'eau et presque impraticable, à cause des immenses dunes qui en couvrent la plus grande partie. »

En regard de ce tableau décourageant, je crois devoir transcrire les résultats de la première mission Flatters, tels que le lieutenant-colonel les a exposés dans la séance de la Commission supérieure du Transsaharien, en date du 16 juin 1880 (4) : « Découverte d'un large passage, par lequel une voie ferrée peut franchir l'Erg au sud de Ouargla, en ligne droite, sur un terrain ferme et plat, fond de ballast, sans avoir à surmonter un seul instant l'obstacle des sables ; eau facile à trouver partout, en forant des puits dont le maximum de profondeur ne paraît pas devoir dépasser 15 mètres;

(1) *Notice sur les oasis du Sahara et les routes qui y conduisent.*

(2) Derrecagaix : *Exploration du Sahara. Les deux missions du lieutenant-colonel Flatters*, p. 37.

(3) *L'Extrême Sud*, p. 437.

(4) Derrecagaix, p. 71.

possibilité d'établir la voie sans aucune difficulté jusqu'à plus de 1,000 kilomètres sud de Ouargla par le gassi, le hammada et le reg. »

Les faits ainsi constatés par une expédition scientifique française me paraissent indiscutables et définitivement acquis; c'est pourquoi il est permis de dire que Ouargla, loin d'être une impasse, possède au contraire une issue des plus praticables vers le sud.

Je note en passant, et afin de me mettre à l'abri du reproche de partialité, qu'une telle issue s'ouvre également dans la direction du Tidikelt. En effet, dans la séance de la Société de Géographie du 28 juin 1890, M. Fernand Foureau, rendant compte de sa mission au Tademayt, a déclaré qu'un des résultats de son voyage aura été de prouver qu'il existe, entre Ouargla et In Salah, une route facile pour un chemin de fer, route en sol ferme et sans une seule dune sur tout le parcours (1). M. Deporter, parlant de ce même itinéraire, dit que c'est une distance de 600 kilomètres à franchir dans un terrain très mouvementé et couvert, dans sa plus grande partie, de grandes dunes de sable.

Écartant pour le Transsaharien le tracé par la province d'Oran, en raison des difficultés diplomatiques que soulèverait cette solution, M. Deporter, après avoir combattu l'orientation vers Ouargla, propose une ligne se dirigeant par Tougourt et El Goléa sur In Salah. Il considère l'occupation de ce dernier point comme s'imposant à bref délai (2), d'abord pour faire œuvre de civilisation, et ensuite dans le but de mettre les Touareg Ahaggar dans l'impossibilité de nuire. La création de postes militaires à Timassinin et à Amguid serait, d'après lui, d'une inefficacité absolue au point de vue stratégique et constituerait, en outre, une grave imprudence, puisqu'on laisserait sur son flanc droit les groupes insoumis et très hostiles du Tidikelt, du Touat et du Gourara.

Cela revient à dire que le nœud de la question touareg se trouve à In-Salah; or, cette manière de voir ne semble pas fondée. M. Deporter s'en réfère, cette fois encore, à l'autorité de M. le lieutenant-colonel de Colomb, qui écrivait, il y a trente ans, que les Ahaggar ne pouvaient pas vivre sans les marchés du Tidikelt, et que ces nomades seraient complètement à la discrétion de celui qui tiendrait lesdits marchés (3). Mais aujourd'hui, une connaissance plus précise de la vie des habitants du désert a modifié quelque peu les idées admises à l'origine. Ainsi que le fait ressortir M. Le Chatelier, dans sa description de l'oasis d'In Salah, les Ahaggar, habitués à une existence extrêmement rude, vivent surtout de chasse et des produits de leurs troupeaux. Les seuls objets qu'ils ne peuvent se procurer dans leurs déserts sont les armes, qu'ils achètent au Soudan, à Rhat, à Rhadamès, ou les vêtements, qu'ils se procurent directement dans cette dernière ville, en grande partie du moins (4).

---

(1) *Bulletin de la Société de Géographie*, 1890, n$^{os}$ 12 et 13, p. 390.
(2) *L'Extrême Sud*, p. 439.
(3) *Notice sur les oasis du Sahara...*, déjà citée.
(4) Le Chatelier : *Description de l'oasis d'In Salah* (Alger, Fontana, 1886), p. 82.

Ce n'est pas tout. M. Le Chatelier dit encore, dans le travail déjà cité (1), qu'on a souvent représenté les Ksour du Tidikelt comme étant le grenier des Ahaggar, mais qu'en réalité les Touareg commencent eux-mêmes à faire produire par leurs Imrhad et leurs esclaves le peu de céréales dont ils ont besoin. Dès lors, ces nomades ne sont pas, sous le rapport économique, dans une dépendance étroite d'In Salah et l'occupation de cette oasis ne les réduira nullement à merci.

Il ne faut pas, cependant, conclure de là que le Tidikelt, le Touat et le Gourara soient sans importance. La prise de possession de ces pays présente, au contraire, un très grand intérêt au point de vue des affaires sud-oranaises et marocaines; elle deviendra même nécessaire pour dénouer celles-ci d'une façon satisfaisante. Seulement, elle ne tranchera pas la question touareg, et c'est cette dernière qu'il s'agit de résoudre si l'on veut entreprendre la pénétration directe vers le Soudan. Or, en s'établissant à Timassinin et à Amguid, comme le proposent MM. le général Philebert et Rolland (2), la France sera maîtresse des routes conduisant tant à Rhadamès qu'à Rhat et reliant, d'autre part, ces deux villes à In Salah. Elle se trouvera ainsi installée au cœur du pays Hoggar, dont elle commandera les principales voies de communication, et aura, en outre, mis la main sur la sebkha d'Amadrhor. Il paraît difficile d'imaginer une occupation plus complète et plus efficace.

Au point de vue de la marche en avant de l'influence française dans le Sahara central, le tracé tout indiqué pour le chemin de fer est donc celui qui, de Ouargla, va droit au sud par le gassi de Mokhanza et remonte ensuite le haut Igharghar. C'est là, d'ailleurs, également le meilleur sous le rapport économique. M. Deporter fait valoir en faveur de la direction vers In Salah que, de ce côté, on s'ouvrira un débouché dans le Touat et le Gourara, en même temps qu'on tiendra la clé des échanges du sud avec le nord-ouest (3). Mais M. Le Chatelier expose, dans sa description d'In Salah, que le commerce d'In Salah avec Tinbouctou n'existe pour ainsi dire plus et qu'il est, en tout cas, appelé à disparaître complètement dans un avenir rapproché (4). Pourquoi, dès lors, faire un grand crochet vers l'ouest, étant donné que le trafic du Touat passera forcément sur les rails du Transsaharien jusqu'à El Biodh et Timassinin, où le tracé droit au sud coupe la route de la Tripolitaine ? Ce serait allonger sans profit, et d'au moins 600 kilomètres, le parcours de Biskra à Agadès, dans le pays d'Aïr, où M. Deporter place la bifurcation vers le Soudan central et vers Tinbouctou. Or, un pareil allongement entraînerait une augmentation des frais de transport qu'il importe d'éviter, afin de permettre au Transsaharien de soutenir,

(1) Le Chatelier, ouvrage déjà cité, p. 76.

(2) Général Philibert et Georges Rolland : *la France en Afrique et le Transsaharien* (Challamel, éditeur, 1890).

(3) *L'Extrême-Sud*, p. 437.

(4) Le Chatelier, ouvrage déjà cité, p. 79.

pour les exportations des régions du lac Tchad, la concurrence des voies fluviales et maritimes par le golfe de Bénin. Mieux vaut donc, à tous les égards, suivre la route directe vers l'Aïr, et créer le long du chemin de fer des centres d'approvisionnement et de ravitaillement, notamment à Timassinin, à Amguid et à Bir Asiou, où se croisent tous les itinéraires reliant la Tripolitaine, le Fezzan et les oasis de Bilma aux centres du Sahara occidental (1).

A. Fock.

---

(1) Georges Rolland : *le Trafic du Transsaharien* (*Économiste français*, 3 janvier 1891). — Page 52 ci-dessus.

II

**RÉPONSE A M. ÉMILE BROUSSAIS. — DE PARIS AU SOUDAN CENTRAL.**

(INÉDIT)

L'étude que M. Rolland a publiée l'année dernière en collaboration avec M. le général Philebert (1), étude dont il est permis de dire aujourd'hui qu'elle a définitivement posé la question du Transsaharien, vient de provoquer l'entrée en scène d'un défenseur de l'ancien tracé central par El Goléa. Car l'ouvrage que M. Emile Broussais a récemment fait paraître sous le titre *de Paris au Soudan* (2), préconise ce dernier tracé et ne constitue, en définitive, qu'un plaidoyer vif et passionné en faveur d'Alger comme tête de ligne du grand chemin de fer de pénétration.

L'attaque à fond de train à laquelle l'auteur se livre contre le véritable tracé central par Ouargla et Amguid, n'est pas pour me déplaire. Bien plus, je ne puis qu'être reconnaissant à M. Broussais d'avoir soulevé ce débat contradictoire. Il m'offre ainsi l'occasion de faire ressortir à nouveau la supériorité incontestable de la voie directe par l'Igharghar et de mettre en lumière la faiblesse des arguments présentés à l'appui du tracé par Laghouat et In Salah.

Mais ce que je déplore, c'est la note franchement particulariste qui domine dans le livre de M. Broussais. Celui-ci, à la fin de son introduction (3), adresse un appel vibrant aux enfants d'Alger qui aiment la grande et belle ville, dont l'avenir économique se trouve menacé par les prétentions rivales de Constantine et d'Oran, Ailleurs (4), l'auteur reproduit les observations qu'il a formulées devant le Conseil général d'Alger à la deuxième session de 1890 et qui tendaient à faire remarquer que « se prononcer de suite pour le tracé Est, c'était favoriser Philippeville et que réclamer immédiatement et sans

---

(1) LE GÉNÉRAL PHILEBERT et G. ROLLAND : *La France en Afrique et le Transsaharien*. (Paris, 1890, Challamel.)

(2) ÉMILE BROUSSAIS : *De Paris au Soudan* (*Marseille-Alger-Transsaharien*). (Alger, Paris, 1891, Michel Ruff et Ernest Leroux).

(3) *Ibid*, p. 58.

(4) *Ibid*, p. 58.

études préalables le prolongement de nos voies de pénétration vers In Salah, c'était rendre trop facile le triomphe des Oranais. »

A mon avis, il est excessivement regrettable que M. Broussais se soit placé sur un pareil terrain et ait accentué, comme à plaisir, l'antagonisme entre Alger, Oran et Constantine. Le Transsaharien revêt le caractère d'une entreprise nationale, devant laquelle les intérêts locaux ont le devoir de s'effacer. A ce point de vue, le seul admissible, Alger ne saurait réclamer aucun privilège vis-à-vis des autres ports de l'Afrique du Nord. Qu'il soit désirable de faire de la capitale algérienne l'une des têtes de ligne du Transsaharien, je ne songe nullement à le contester; d'ailleurs, une variante en ce sens a été proposée par M. Rolland au mois de février écoulé (1). Et c'est au moment où, des deux côtés, on fait preuve de bonne volonté pour arriver à une entente indispensable, où l'on a enfin trouvé une solution qui puisse satisfaire Alger sans nuire à l'entreprise elle-même, que M. Broussais vient jeter un cri de guerre !

Il importe de réagir contre un aussi funeste exemple et de ramener le débat sur son véritable terrain. C'est ce que je vais essayer de faire, en écartant toute préoccupation de rivalité locale et en ne m'inspirant que des intérêts supérieurs de la France.

---

L'ouvrage de M. Broussais se divise en deux parties. La première est consacrée à la discussion, la seconde revêt un caractère presque exclusivement descriptif. Celle-ci ne présente donc qu'un intérêt secondaire; tout au plus y trouve-t-on quelques points à relever.

En laissant de côté les chapitres de géographie et de statistique, dont il n'y a pas lieu de s'occuper, on constate, d'autre part, que la première partie de la publication se résume en l'examen comparé des tracés du Transsaharien et en l'exposé du programme d'exécution, puis des conditions d'exploitation du chemin de fer projeté. Ce sont là, par conséquent, les deux grandes questions dont il est nécessaire de s'occuper.

## I. Discussion des tracés du Transsaharien.

Ce qui frappe tout d'abord à la lecture des pages que M. Broussais consacre à l'étude comparée des tracés projetés, c'est la préoccupation constante du point de départ sur le littoral méditerranéen. L'auteur se trouve sous l'empire d'une idée fixe qui perce partout et se résume en cette phrase : « Alger doit être la principale tête de ligne du Transsaharien » (2). La pensée qu'Oran, Philippeville et Bône osent également prétendre à un pareil honneur

---

(1) Le *Siècle*, numéro du 7 février 1891. — Page 42 ci-dessus.
(2) *De Paris au Soudan*, p. 66.

remplit M. Broussais d'une véritable indignation. A ses yeux, ces trois ports seront forcés de s'incliner devant la supériorité d'Alger, qui est le centre économique de l'Algérie (1) et doit devenir la ville la plus commerçante et la plus prospère du nord de l'Afrique (2).

De telles considérations témoignent de l'ardent amour qu'inspire à l'un de ses enfants la capitale des anciens États barbaresques, et ce sentiment, je me plais à le reconnaître, honore M. Broussais. Mais en s'y abandonnant sans réserve, l'auteur est tombé dans un particularisme intransigeant qui ne lui a pas permis d'apprécier tous les côtés du problème avec la liberté d'esprit nécessaire.

C'est singulièrement rapetisser la question des tracés que de l'envisager avant tout à un point de vue purement algérien. Le Transsaharien présente un intérêt national; il constituera la grande ligne de pénétration destinée à ouvrir au commerce français les riches marchés de la partie centrale du Soudan. Le meilleur tracé sera donc incontestablement celui qui offrira aux courants d'importation et d'exportation la voie de communication la plus rapide et la plus économique.

Dans cet ordre d'idées, M. Broussais a parfaitement raison de dire que Marseille est le vrai point de départ du Transsaharien (3). Mais, en émettant cet avis, il condamne implicitement sa thèse exclusive en faveur d'Alger. En effet, le trafic entre la France et le Soudan central ne faisant que transiter par la colonie méditerranéenne, il faut choisir comme port d'attache sur la côte d'Afrique, non pas celui qui présente le plus d'importance pour le commerce algérien, mais celui qui permet de rendre aussi direct que possible le trajet du lac Tchad à Marseille.

Obtenir ce dernier résultat constitue évidemment une condition essentielle du succès, eu égard à la concurrence que fera au Transsaharien la voie fluviale et maritime par la Bénoué et le bas Niger. On verra plus loin que l'on se trouve ainsi amené à passer par Philippeville, mais pour le moment il ne s'agit que de trancher la question de principe. Or, celle-ci comporte une solution générale qui se résume comme suit : l'Algérie possède quatre ports, à savoir. Oran, Alger, Philippeville et Bône, d'où partent des lignes de pénétration, et qui tous sont déjà suffisamment outillés pour faire face à un transit d'une certaine importance. Chacun d'eux, indifféremment, pourrait donc convenir, au point de vue général français, en tant que gare d'origine du chemin de fer vers le Soudan. Ce sont les considérations visant le tracé dans le Sahara, considérations techniques d'une part, politiques, stratégiques et surtout commerciales d'autre part, qui éliminent tel port, font écarter tel autre, et désignent finalement celui ou ceux qu'il y a lieu de choisir.

---

(1) *De Paris au Soudan*, p. 52-53.
(2) *Ibid.*, p. 58.
(3) *Ibid.*, p. 66.

§ 1er. — CONSIDÉRATIONS POLITIQUES ET STRATÉGIQUES.

Au point de vue politique, le Transsaharien doit être la cheville ouvrière pour la réalisation du programme consistant à faire un tout de l'Algérie, du Sénégal et du Congo (1). La création du grand empire français en Afrique est, en effet, subordonnée à l'existence du chemin de fer à travers le désert.

Quant au rôle stratégique de la ligne projetée, il se résume en une action enveloppante des territoires sahariens compris dans la zone réservée à la suprématie de la France.

Le double but ainsi défini impose l'orientation du tracé vers le Tchad. Car enfin, cette mer intérieure se trouve située au centre de la région intermédiaire qui sépare la sphère d'influence du Sénégal, dont le coude du Niger marque l'extrême limite (2), de celle du Gabon-Congo, susceptible de s'étendre jusqu'au faîte de partage entre l'Oubanghi et le Chari. C'est donc des rives du célèbre lac que doit rayonner, vers l'ouest et le sud-est, l'action de rapprochement et de soudure qui prendra son point d'appui sur la côte de la Méditerranée.

D'autre part, le railway ne sera un véritable instrument de domination que s'il commande toutes les routes qui, de la Tripolitaine comme du Sahara oriental, conduisent vers la partie occidentale du désert, appelée à devenir le Sahara français. Or, pour recouper l'ensemble des itinéraires transversaux et permettre de surveiller étroitement les communications de l'Égypte et de la Cyrénaïque avec le Maroc et même avec le Sénégal, il faut évidemment que le tracé appuie le plus possible vers l'est et, à partir de l'Aïr, remonte droit au nord, pour déboucher à Ouargla, après avoir passé à Bir-Asiou, à Amguid et à Timassinin (3).

Mais, objectent les adversaires de la ligne centrale par l'Igharghar, on laisse ainsi de côté le Tidikelt et le Touat, qui sont les clés du Sahara occidental. Un tracé qui ne se dirige pas d'abord sur ces groupes d'oasis ne mérite pas d'être pris en considération.

Cette critique et la conclusion qui en découle prennent leur source dans une confusion d'idées. Nous l'avons déjà établi, M. Rolland et moi (4), et l'on ne saurait trop y insister, la question d'In Salah est absolument distincte de celle du Transsaharien. La grande ligne du Tchad constituera l'axe de la politique coloniale en Afrique ; elle délimitera, en l'enveloppant, le Sahara français. Pour soumettre et pacifier définitivement celui-ci, il faudra, en même temps, avoir recours à l'occupation du Touat et du Tidikelt, ainsi

(1) Le général Philebert et G. Rolland, ouvrage cité.

(2) A. Fock : *la Pénétration africaine et le Transsaharien (Expansion coloniale* du 28 mars 1891).

(3) G. Rolland : *Le Trafic du Transsaharien. (Économiste français* des 3, 10 et 17 janvier 1891). — Page 51 ci-dessus.

(4) G. Rolland : *Réponse à un Algérien d'Oran. (Revue rose*, novembre 1890). — A. Fock : *les Tracés du Transsaharien. (Le Siècle*, numéros des 25 janvier, 2 et 5 février 1891.) — Pages 25 et 29 ci-dessus.

qu'au prolongement du rail jusqu'à Acabli ou à Taourirt. Seulement, ce ne sera là qu'un acte de politique intérieure, venant consolider l'œuvre commencée par l'élévation d'une barrière ininterrompue sur la frontière orientale du domaine attribué à la France.

C'est à sa position centrale sur le tracé de cette barrière qu'Amguid emprunte son importance stratégique. Au surplus, et à s'y établir solidement, on tiendra d'une manière complète le massif du Hoggar et Idelès, la sebkha d'Amadrhor et la route de l'Aïr, les communications avec Timissao et celles d'In Salah avec Rhat. M. Foureau, dont M. Broussais reproduit l'opinion (1), ne paraît donc pas fondé à dire qu'Amguid ne commande rien et que les Touareg s'en soucient comme d'une outre séchée. Au contraire, on réduira les Ahaggar à merci en s'installant au cœur de leur pays, en face des montagnes qui abritent leurs repaires.

En ce qui regarde le rattachement de Ouargla à la côte méditerranéenne, il est indifférent, au point de vue politique et militaire, que l'on se dirige sur Alger ou bien sur Philippeville.

On ne saurait en dire autant de la traversée jusqu'à Marseille. A ce propos, M. Broussais produit un argument qui se tourne nettement contre sa thèse. Parmi les avantages que présenterait Alger comme tête de ligne du Transsaharien il cite, en effet, celui qu'en cas de guerre on n'aurait qu'à garder la route du port africain au grand port français pour rester maître de l'intérieur du continent noir (2). Or, cette route passe par les Baléares et trop à portée de la côte d'Espagne, en sorte qu'elle serait éventuellement beaucoup moins sûre que celle qui va en pleine mer de Philippeville à Marseille. Cette dernière, du reste, pourrait toujours être surveillée sans difficulté, grâce au voisinage de la Corse.

En résumé, les considérations politiques et stratégiques conduisent au tracé Philippeville - Ouargla - Amguid - lac Tchad, à l'exclusion de tout autre.

### § 2. — CONSIDÉRATIONS COMMERCIALES

Economiquement, l'entreprise du Transsaharien n'aura sa raison d'être que si le chemin de fer ne fait pas double emploi avec une autre voie de pénétration africaine, et détermine, en second lieu, l'ouverture à l'initiative française d'un champ d'action assez vaste pour assurer la rémunération des capitaux engagés.

Dans cet ordre d'idées, ce dont il faut se préoccuper avant tout, en étudiant l'orientation générale du tracé, c'est le but final à atteindre. La question des points de passage intermédiaires ne saurait, en effet, exercer une grande influence, puisqu'aussi bien la majeure partie du trafic sera

---

(1) *De Paris au Soudan*, p. XII et XIII.
(2) *Ibid.*, p. 18.

fournie au railway par les gares extrêmes (1), les ports algériens ou plutôt Marseille d'un côté, le terminus dans le Soudan de l'autre côté.

Il s'agit donc d'examiner où il y a lieu d'établir ce terminus, et de résoudre le problème ainsi posé en dehors de toute considération locale. Car enfin, c'est pour donner un nouvel essor à l'industrie et au commerce français, pour ouvrir de nouveaux débouchés à la production nationale, qu'on lancera le chemin de fer à travers le désert.

A se baser sur ces prémisses, la direction qui s'impose est celle aboutissant au bassin du lac Tchad. M. Broussais pense également que la France ne doit pas perdre de vue ces riches contrées, mais il est convaincu que le premier objectif à prendre est le Niger et que, même pour atteindre le Bornou et le Baghirmi, il faut passer par le Touat (2).

Afin de bien saisir la pensée de l'auteur, il convient de rapprocher de ce qui précède la définition qu'il donne ailleurs (3) du but à poursuivre, à savoir : « Relier rapidement les possessions françaises du nord de l'Afri» que et du Soudan occidental par une voie ferrée dont une portion » importante, pouvant détacher plus tard une branche vers le lac Tchad, » sera le premier tronçon du futur Transsaharien. »

En comparant ces deux citations et en les complétant l'une par l'autre, on constate que, d'après M. Broussais lui-même, la seule ligne réellement transsaharienne est celle qui vise le Tchad. Mais comme il s'agit de réaliser un double *desideratum*, puisqu'il faut aussi mettre en communication directe l'Algérie et le Sénégal, le tracé doit être orienté de manière à offrir, sur la plus grande longueur possible, un tronc commun aux deux directions à desservir (4). Car on ne saurait évidemment proposer l'établissement de deux railways à peu près parallèles, le premier vers le Niger, le second vers le Tchad. De là, la nécessité absolue de passer par le Touat et l'Adrar Ahenet.

L'auteur subordonne ainsi le véritable projet transsaharien à celui de la jonction directe des deux colonies de l'Afrique septentrionale et occidentale. Or, l'exécution de ce dernier projet aura le fâcheux résultat de créer une rivalité d'intérêts entre l'Algérie et le Sénégal (5). M. Broussais reconnaît que cette rivalité ne manquera pas de se produire, mais cette perspective est loin de l'effrayer. Il estime que, par la voie du Sénégal, le seul Soudan occidental sera péniblement et incomplètement ouvert à la France, tandis que le réseau qu'il préconise mettra l'Afrique équatoriale entière à quelques jours de Marseille et de Paris (6).

Défendre une pareille thèse, c'est vraiment pousser à l'excès la conception particulariste en faveur de la ville d'Alger. Toute la boucle du Niger, je

---

(1) G. Rolland : *Le Trafic du Transsaharien.* — Page 51 ci-dessus.
(2) *De Paris au Soudan*, p. 10.
(3) *Ibid*, p. 64,
(4) *Ibid*, p. 65.
(5) A. Fock : *Les Tracés du Transsaharien.* — Page 29 ci-dessus.
(6) *De Paris au Soudan*, p. 19.

l'ai prouvé par des chiffres (1), rentrera peu à peu dans la sphère d'attraction du Sénégal. Ce serait donc faire naître un antagonisme déplorable et engager une dépense complètement inutile que d'attaquer également cette sphère par le Nord, au moyen d'un chemin de fer.

Quant aux calculs sur lesquels s'appuie M. Broussais pour démontrer qu'Alger serait plus rapproché que Saint-Louis du cours moyen du Niger (2), ils ne prouvent absolument rien. L'auteur adopte Bouroum, sur le coude du fleuve, à 2,600 kilomètres de la Méditerranée et à 2,840 kilomètres de l'Atlantique, comme le point central d'un rayonnement facile et rapide dans toute la moitié septentrionale de l'Afrique. Puis, il part de là pour affirmer que cette localité deviendra le centre de l'activité européenne dans le bassin du Niger, et qu'elle est admirablement placée en vue de drainer, dans la direction du nord, les produits du Soudan (3).

Or, Bouroum se trouve à la limite extrême de la sphère d'influence du Sénégal ; la distance de ce point à Saint-Louis ne peut donc servir de base à l'évaluation de la moyenne des frais de transport qui viendront grever les marchandises expédiées vers l'Atlantique. Si l'on ne veut pas arriver à des conclusions entièrement fausses, il faut partir d'un point central situé à 700 ou 800 kilomètres au moins à l'ouest du coude du Niger. Mais, dès lors, le parcours moyen, le seul qui doive entrer en ligne de compte, se réduit à 2,000 kilomètres au maximum pour la direction du Sénégal, et la comparaison favorable à la voie du nord ne tient plus debout.

En y regardant de près, on reconnaîtra même qu'en réalité cette voie devra lutter dans des conditions très désavantageuses. Car le parcours de 2,600 kilomètres, qui sépare Bouroum d'Alger, sera forcément augmenté de celui qu'auront à effectuer les marchandises avant d'être rendues au coude du Niger. M. Broussais indique que les produits du Haut-Fleuve pourront descendre le fil de l'eau (4); seulement, l'auteur oublie d'ajouter au prix de transport les frais correspondants. Il n'y a rien d'étonnant à ce que, dans ces conditions, les calculs aboutissent à des résultats erronés.

Aussi bien, semble-t-il permis de dire, en empruntant une phrase de M. Broussais, que le but à atteindre n'est pas là. Qui donc oserait soutenir qu'il faille construire une voie ferrée à travers le désert, afin de permettre à l'Algérie d'entrer en concurrence avec le Sénégal ? L'intérieur du continent noir ne serait-il pas assez vaste pour que chacune des deux colonies pût s'y tailler une sphère d'action indépendante ? La route du Niger passe par l'Atlantique et Saint-Louis ; celle du Tchad part du littoral méditerranéen. Dans l'une et l'autre direction un champ immense s'offre à l'initiative française ; que la double pénétration par l'ouest et par le nord suive donc une marche convergente et réunisse ses efforts, dans une entente loyale, pour achever la création du grand empire de la France en Afrique !

---

(1) *La Pénétration africaine et le Transsaharien.* — Page 83 ci-dessus.
(2) *De Paris au Soudan*, p. 17.
(3) *Ibid.*, p. 18.
(4) *Ibid.*, p. 19.

Étant donné que le Niger doit être abandonné en tant qu'objectif, même indirect, du Transsaharien, le projet du tronc commun ne présente plus la moindre utilité, et il reste à déterminer le tracé vers le Tchad en s'ingéniant à réduire au minimum le développement du parcours.

Le chemin de fer aura, en effet, à lutter contre la voie fluviale et maritime par la Bénoué et le bas Niger. M. Broussais se contente d'affirmer (1) que cette concurrence ne deviendra jamais bien redoutable, grâce au prix élevé du fret, aux difficultés de la navigation, à l'ennui et au coût des transbordements. Cette manière de voir eût gagné à être appuyée par des chiffres, car enfin, beaucoup de bons esprits la contestent, et ce n'est pas quand des hommes éminents comme M. de Vogué disent le contraire (2) qu'une simple affirmation puisse suffire.

Il est vrai qu'une preuve probante serait difficile à fournir pour le tracé de M. Broussais. Certes, la route française du Tchad vers le nord pourra offrir aux marchandises des conditions de transport plus avantageuses que celles de la route anglaise par le golfe de Bénin, mais sous la réserve expresse d'éviter tout allongement inutile. M. Rolland l'a nettement établi, par des calculs précis, dans son étude sur le trafic du Transsaharien (3); aussi bien, la ligne directe s'impose-t-elle d'une manière péremptoire pour le railway à construire.

Cette conclusion entraîne la condamnation absolue du détour par le Touat. Le Transsaharien doit aller droit au but; le rôle qu'il a à remplir n'admet aucune déviation latérale de quelque importance. Or, du Tchad à la Méditerranée, la ligne de moindre longueur (4) se dirige par Bir Asiou, Amguid et Ouargla sur Philippeville. La question du tracé commercial se trouve ainsi définitivement résolue.

D'ailleurs, M. Broussais lui-même reconnaît l'avantage que présente, sous le rapport de la distance, la direction de Philippeville au Tchad sur celles d'Alger et d'Oran. Il ajoute, non sans quelque dédain, que c'est là à peu près le seul argument présentable des partisans du tracé central par l'Igharghar (5). Cette appréciation ne laisse pas que d'être assez hasardée, mais elle serait exacte que l'argument signalé par l'auteur, et sur lequel il juge inutile d'insister, suffirait pour trancher la question. Les développements qui précèdent en font, en effet, ressortir l'intérêt capital et l'importance décisive.

Finalement, et à considérer Marseille comme le point de départ du Transsaharien, il y a lieu de faire observer que le grand port méditerranéen se trouve situé droit au nord de Philippeville. Ce dernier point est donc celui du littoral africain pour lequel la traversée maritime présente la plus

(1) *De Paris au Soudan*, p. 137.

(2) *Revue des Deux Mondes*, du 1er novembre 1890 : *Les Indes Noires*.

(3) *Économiste français* des 3, 10 et 17 janvier 1891. (Voir plus haut chap. VIII, p. 51.) Ces calculs n'ayant pas été contestés, il est permis de s'y référer ici sans autre justification.

(4) En territoire français, bien entendu.

(5) *De Paris au Soudan*, p. 57.

faible longueur. M. Broussais fait également cette constatation dans un tableau où figure la distance de Marseille à Alger pour 417 milles marins et celle de Marseille à Philippeville pour 394 milles (1). Aussi bien, est-ce probablement par suite d'une erreur de plume qu'à la page précédente l'auteur indique Alger comme étant le port algérien le plus voisin de Marseille (2).

## § 3. — CONSIDÉRATIONS TECHNIQUES.

En abordant le côté technique de la discussion comparée des tracés, M. Broussais s'efforce de mettre en lumière, à l'aide de nombreuses citations, la supériorité de la ligne Alger-Laghouat-El Goléa-In Salah-Adrar-Ahenet (3), ou plutôt, car la démonstration de l'auteur est toute négative, il s'attache à faire ressortir les inconvénients des tracés Philippeville-Biskra-Ouargla-Amguid-Asiou et Oran-Aïn Sefra-Igli-In Salah. Ne s'arrêtant que très peu au second dont l'infériorité est notoire, il s'attaque surtout au premier qui jouit, à son avis, d'une faveur absolument imméritée.

Cette partie du travail de M. Broussais ne laisse pas que de causer une vive déception. On était en droit de s'attendre à une critique serrée des données techniques recueillies jusqu'à ce jour, et l'on ne trouve qu'une série d'affirmations assez vagues, dont la plupart ne s'appuient sur aucune preuve formelle. Que tel soit le cas pour tout ce qui concerne le tracé préconisé par l'auteur, cela n'a rien qui puisse surprendre; en effet, ce tracé n'a pas encore été reconnu au delà de Hassi Insokki et n'a fait l'objet d'une étude sommaire que jusqu'à El Goléa. Que, d'autre part, la ligne centrale par l'Igharghar fasse presque tous les frais de la discussion dans le livre de M. Broussais, cela aussi se comprend sans peine, puisque le seul avant-projet qu'on possède en dehors des frontières algériennes se rapporte à l'itinéraire direct de Ouargla à Amguid. Mais il eût fallu analyser les dispositions de cet avant-projet, et non pas se contenter de reproduire des extraits très incomplets de la correspondance rédigée par Flatters et ses collaborateurs au cours de leur second voyage.

L'examen auquel l'auteur a omis de se livrer, il importe de le reprendre à sa place. Dans cet ordre d'idées, la première chose à faire, c'est de préciser l'état actuel des connaissances acquises, en ce qui regarde les conditions techniques à prévoir pour les différents tracés du Transsaharien.

Les seuls documents positifs à ce sujet sont ceux émanant des missions de M. l'ingénieur en chef Choisy et du lieutenant-colonel Flatters. Sans doute, les officiers distingués qui ont étudié sur place les questions du Sud-Algérien, es explorateurs isolés qui se sont hardiment enfoncés dans le Sahara, ont réuni de nombreux renseignements du plus haut intérêt, mais aucun d'eux n'a rapporté les éléments nécessaires à l'élaboration d'une étude de voie ferrée. Cela se conçoit, du reste; on ne saurait exécuter des opérations sur le terrain sans

---

(1) *De Paris au Soudan*, p. 67.
(2) *Ibid.*, p. 66.
(3) *Ibid.*, p. 65.

être outillé à cet effet, et personne n'a jamais songé à demander à des voyageurs un travail technique exigeant une préparation toute spéciale. Seulement, il était essentiel de constater ici qu'il n'existe pas de données précises autres que celles ayant servi de base aux avant-projets de railways sahariens dressés par les missions Choisy et Flatters.

Ces avant-projets comprennent :

Pour la mission Choisy, les lignes de Biskra à Ouargla (380 kilomètres) et de Laghouat à El-Goléa (420 kilomètres);

Pour les deux missions Flatters, la ligne Ouargla-Timassinin-Amguid (660 kilomètres).

D'où, au point de vue du Transsaharien, cette première conclusion que le tracé central de M. Rolland a été étudié sur une longueur de 1,040 kilomètres au sud de Biskra, soit jusqu'à une distance d'environ 1,400 kilomètres de Philippeville, tandis que, sur le tracé soutenu par M. Broussais, les études s'arrêtent à 880 kilomètres d'Alger. Et celles-ci, par surcroît, sont loin d'être complètes, car la discussion n'est même pas close au sujet de l'itinéraire à suivre entre Boghari et Laghouat (1).

Aussi bien, en affirmant qu'il propose la solution la plus économique et la plus rapidement réalisable (2), M. Broussais émet-il une appréciation tout au moins prématurée, à l'appui de laquelle il lui serait difficile de citer un seul avis autorisé.

En effet, les ingénieurs chargés des reconnaissances détaillées suivant les deux directions en présence, se sont nettement prononcés en sens contraire. Voici, en premier lieu, comment s'exprime, en résumant son rapport, M. Barrois, membre de la mission Choisy (3) :

« Ainsi la ligne de Biskra à Ouargla dessert une région qui se prête » tout particulièrement à l'établissement économique et facile de la plate- » forme d'un chemin de fer, tandis que la ligne de Laghouat à El-Goléa » nécessite la construction d'ouvrages d'art considérables; sur la ligne de » Biskra à Ouargla, le prix de revient du kilomètre est de 107,000 francs » environ, tandis qu'il est de près de 145,000 francs sur la ligne de Laghouat » à El-Goléa. Donc, au point de vue technique, et en dehors de toute con- » sidération commerciale ou autre, la première de ces deux directions est » beaucoup plus avantageuse que la seconde. »

M. l'ingénieur en chef Choisy partage entièrement cette manière de voir. Après avoir présenté le parallèle entre les deux lignes de Ouargla et d'El-Goléa, il conclut en ces termes (4) :

« Ainsi, soit qu'on se place au point de vue de la dépense d'établisse- » ment ou des convenances locales, le tracé par l'Oued Rir' offre de sérieux » avantages. »

---

(1) M. Broussais propose de passer par Taguin et non par Djelfa, p. 156-158.

(2) *De Paris au Soudan*, p., 58.

(3) Documents relatifs à la mission dirigée au sud de l'Algérie par M. A. Choisy *Étude des lignes de chemins de fer*, p. 84-85.

(4) *Ibid.*: *Rapport de l'Ingénieur en chef*, p. 43.

Ces déclarations si précises, basées sur l'examen comparé de deux avant-projets établis avec soin, peuvent se passer de commentaires. Elles tranchent la question des tracés de pénétration en faveur de celui de Biskra à Ouargla.

Il s'agit maintenant de se rendre compte des conditions dans lesquelles ce tracé peut être prolongé au sud de Ouargla. Le plan et le profil en long dressés par l'ingénieur Béringer s'étendent jusqu'à Amguid et permettent de constater qu'on atteindra ce dernier point sans rencontrer un seul obstacle sérieux. Le maximum des déclivités s'élève à $0^{m},005$; les rayons des courbes ne descendent pas au-dessous de 500 mètres; l'absence d'ouvrages d'art est complète, et les terrassements ne prennent une réelle importance que dans la région des gour. Un tracé que caractérisent de pareilles dispositions doit être considéré comme éminemment avantageux.

D'ailleurs, le lieutenant-colonel Flatters, en résumant, devant la Commission supérieure du Transsaharien, les résultats de sa première expédition, a exposé (1) qu'il avait reconnu la possibilité d'établir le railway, sans aucune difficulté, jusqu'à plus de 1,000 kilomètres sud de Ouargla, par le gassi, le hamada et le reg.

Il est vrai que l'avant-projet élaboré par l'ingénieur Béringer ne se développait que sur 660 kilomètres, mais Flatters possédait pour les 400 kilomètres suivants des renseignements très précis, fournis par le guide targu Dob ben Moheza (2), et pleinement confirmés, d'ailleurs, par les reconnaissances dela seconde mission.

Dob avait indiqué l'itinéraire d'El-Biodh à la sebkha d'Amadrhor (500 kilomètres), en ajoutant qu'à partir de ce dernier point on prend la plaine d'Admar pour aller au Soudan, c'est-à-dire à Bir-Asiou (3), en dix jours, avec de l'eau partout.

Or, dans sa lettre adressée d'Amguid au ministre des Travaux publics (4), Flatters dit qu'au sud de cet endroit s'étend la plaine de reg, unie et aride, où un chemin de fer pourra toujours être établi avec la plus grande facilité. Plus loin, à 15 kilomètres d'Ighellachen (5), il signale la vaste entrée plate et unie du reg, rive droite de l'Igharghar, qui donne accès dans la plaine d'Amadrhor. De son côté, et dans sa dernière note géologique, l'ingénieur Roche expose (6) également qu'au delà d'Amguid la vallée de l'Igharghar, se développant sur une largeur d'au moins 50 kilomètres, constitue une vaste plaine de reg. Enfin, les informations rapportées de la route suivie jusqu'à la latitude de Bir-El-Gharama, à sept ou huit jours de marche d'Asiou,

(1) DERRECAGAIX : *les Deux Missions du lieutenant-colonel Flatters* (Paris, 1882; Challamel), p. 71.

(2) *Ibid.*, pp. 64-65.

(3) Ainsi que le fait observer M. *Masqueray*, les Touareg appellent « Soudan » le pays d'Aïr et font commencer ce Soudan à In-Azaoua (Bir-Asiou). *Bulletin de la Société de Géographie commerciale de Paris*, tome XII, 1889-1890, n° 4 : Le Commerce chez les Touareg Taïtoq.

(4) DERRECAGAIX, p. 110.

(5) *Ibid.*, p. 117.

(6) *Ibid.*, p. 125.

permettent d'affirmer que, sur ce parcours, le terrain ne cesse pas d'être plat, sec, uniforme et pierreux (1).

D'après ce qui précède, on peut définir ainsi qu'il suit le degré d'avancement des études purement techniques pour la première partie du Transsaharien, partie comprise entre la Méditerranée et Bir Asiou, où convergent tous les tracés orientés vers le Tchad, qu'ils partent d'Oran, d'Alger ou de Philippeville (2):

Tracé central par Ouargla et Tlmassinin (tracé Rolland) : avant-projet aux dispositions favorables jusqu'à Amguid; reconnaissance du terrain et certitude de l'absence de toute difficulté entre ce point et la sebkha d'Amadrhor; grande probabilité de l'existence d'un passage facile, allant de la sebkha à Bir-Asiou.

Ancien tracé central par Laghouat et In Salah (tracé Broussais) : avant-projet ne s'étendant pas au delà d'El Goléa et comportant d'assez grandes sujétions; reconnaissance aux résultats très défavorables, faite par la seconde mission Flatters, de la région entre le Hassi-Inifel et le Hassi-Insokki (3) ; renrenseignements topographiques exclusivement fournis par des indigènes pour tout le tronçon Hassi-Insokki-In Salah-Adrar Ahenet-Bir Asiou (4).

Tracé occidental par Igli et Taourirt (tracé oranais) : absence complète d'études sur le terrain ; renseignements topographiques provenant des indigènes pour la totalité de la ligne (5).

En présence d'un exposé aussi concluant, comment M. Broussais peut-il déclarer (6) que la direction par le centre du massif des Touareg du nord, passant à Amguid, à Amadrhor et à Bir-El-Gharama, doit être définitivement écartée? Quels sont les arguments que l'auteur invoque en faveur de cette manière de voir?

Il s'appuie, en premier lieu, sur les documents officiels de la seconde mission Flatters et cherche à démontrer, au moyen de plusieurs extraits des lettres du lieutenant-colonel, que par la route suivie au sud d'Amguid on ne pourrait construire une voie ferrée.

Ici, M. Broussais est complètement dans l'erreur. Il fait des citations qui

---

(1) Brosselard: *Les Deux Missions Flatters.* (Paris, 1889, Jouvet et Cie), pp. 225 et 227.

(2) On peut même soutenir que le véritable Transsaharien prend fin à Bir-Asiou, puisque aussi bien pour les indigènes le Soudan commence en ce point.

(3) Derrecagaix, p. 92. « Le pays est montagneux, très difficile ; les oueds très encaissés coulent en moyenne tous les trois ans... Vous voyez que pour un chemin de fer ce n'est pas très pratique. »

(4) Afin de mettre en lumière les contradictions qu'on ne rencontre que trop souvent dans les renseignements des indigènes, il suffit de faire observer qu'à la page 179, M. Broussais dit avoir préféré la direction Acabli-Adrar Ahenet, parce que celle du Mouydir à In Amedjel trouverait des difficultés de construction considérables.

Or, M. Beau de Rochas, dans la *Revue rose* du 25 avril 1891, dit précisément le contraire.

(5) Sauf les informations de Rohlfs et celles recueillies par MM. Colonieu et Burin au cours de leur exploration du Gourara.

(6) *De Paris au Soudan*, p. x.

lui paraissent péremptoires et qui, en réalité, n'ont aucune portée (1). C'est que, pour se rendre compte de la valeur réelle de ces phrases détachées, il faut les replacer dans leur cadre et les envisager dans leur rapport avec l'ensemble des documents dont elles font partie.

Ainsi, il est parfaitement exact que Flatters insiste dans ses lettres sur l'aridité de la plaine immense qui s'étend au sud d'Amguid et qu'il dit être infranchissable pour une caravane. Mais il ajoute immédiatement (2):

« Dans tous les cas, le tracé de la voie transsaharienne que nous recher- » chons n'en sera pas moins déterminé, même dans les parties que nous » n'avons pas parcourues, puisque l'obstacle qui nous force à nous détourner » est la plaine de reg, unie et aride, où un chemin de fer peut toujours » être établi avec la plus grande facilité. L'entrée du reg d'Amadrhor » étant déjà reconnue, et son extrémité sud devant l'être bientôt par la » reconnaissance du changement de pente des oueds allant au Soudan, si » la ligne de faîte est réellement peu sensible, comme tout porte à le » croire, la question se trouvera résolue. »

Ces conclusions sont topiques et tellement nettes qu'il semble inutile d'insister davantage (3).

Un second motif que fait valoir M. Broussais (4) pour soutenir qu'un chemin de fer ne serait pas possible au sud d'Amguid, c'est qu'il n'y aurait point d'eau pendant des centaines de kilomètres dans la direction d'Asiou.

Or, les documents de la seconde mission Flatters établissent péremptoirement le contraire. Au débouché de la principale branche de l'oued Tedjert (Ighellachen), à environ 60 kilomètres au sud d'Amguid, l'expédition trouve un ghedir considérable plein d'eau (5). Plus loin, à deux journées de marche, elle atteint le puits de Tikhsin-Tilmas (6) et arrive, après une nouvelle étape, au lieu dit Inzelman-Tikhsin (eau sous le sable). Là, il suffit de déblayer le sable à 30 centimètres de profondeur pour trouver de l'eau en abondance (7).

(1) Ainsi, M. Broussais reproduit cette phrase du lieutenant-colonel : « C'est ce chien de pays qui n'est pas abordable par le bout où nous voulons aller ». Or, cette phrase se trouve dans une lettre à M^me^ Flatters, c'est-à-dire dans une causerie intime, écrite sous l'empire de la déception qu'éprouvait le chef de l'expédition après son arrivée à Amguid. D'ailleurs, il la fait suivre immédiatement de cette réflexion : « Enfin, peut-être notre envoyé arrivera-t-il et aurons-nous par lui le moyen de réparer cela ». (Derrecagaix, pp. 108-109.)

(2) Derrecagaix, p. 110.

(3) M. Broussais cite encore, page xii, une lettre de Béringer, datée du ghedir de la Dune le 24 janvier 1881, et dans laquelle cet ingénieur dit que ses tours d'horizon sont plus que compromis. Or, je trouve dans Derrecagaix, pp. 118-119, la lettre visée et j'y lis la phrase suivante : « Nous continuons notre travail technique comme par le passé et j'ai commencé aujourd'hui mes tours d'horizon au théodolite, le pays que nous allons traverser s'y prêtant admirablement. ».

(4) *De Paris au Soudan*, p. xii.

(5) Derrecagaix, p. 116.

(6) *Ibid.*, p. 120.

(7) Brosselard, p. 223.

Dans la traversée de l'Amadrhor, la mission ne rencontre qu'un seul puits, mais à Temassint, elle trouve derechef une eau abondante et bonne (1). Même en dehors de tout nouveau sondage, l'alimentation du railway peut donc être considérée comme suffisamment assurée (2).

M. Broussais n'est pas plus heureux dans les critiques qu'il dirige contre le choix d'Amguid comme centre d'occupation au Hoggar. Il s'en réfère sur ce point à l'opinion de M. Foureau, en ajoutant que celui-ci a étudié la question sur le terrain (3).

Cette observation appelle une certaine réserve ; en effet, M. Foureau n'a pas passé à Amguid. On s'en aperçoit, d'ailleurs, au dédain avec lequel il parle de cette petite source sans importance, perdue au milieu d'un chaos de dunes et de hamada. Flatters qui l'a visitée et y a campé, la décrit en de tout autres termes : « Nous sommes, dit-il (4), au pied d'une montagne » de rochers énormes avec une coupure dans laquelle coule un ruisseau, » la première eau vive que nous ayons rencontrée dans le Sahara ».

Il est donc permis de n'accepter que sous bénéfice d'inventaire l'appréciation de M. Foureau. On peut, au surplus, lui opposer la description de MM. Philebert et Rolland (5), qui ont fait ressortir, avec beaucoup de clarté, l'intérêt capital qui s'attache à Amguid. Ces auteurs exposent que le point en question n'est pas seulement privilégié sous le rapport de l'abondance des eaux et des conditions favorables qu'on y rencontre pour les cultures. Ils constatent, en outre, que par Amguid il ne faut pas entendre forcément l'endroit précis où se trouvent les sources et les étangs de ce nom, mais, d'une manière générale, la région de l'Igharghar, qui s'étend depuis le confluent de l'Oued Gharis et de l'Igharghar sur une cinquantaine de kilomètres vers l'amont, jusqu'aux étangs d'Ighellachen, où l'Igharghar, à sa descente des monts Hoggar, cesse de couler à ciel ouvert (6).

La première série d'objections techniques, formulées par M. Broussais contre le tracé central de Biskra à Bir Asiou, ne résiste donc pas à l'examen. Reste une seconde série d'arguments que l'auteur produit en discutant dans un chapitre spécial les divers tracés du Transsaharien (7).

Il dit, d'abord, que le passage dans l'Erg par les dunes énormes de l'Igharghar ou le gassi de Mokhanza, présente de grosses difficultés sur un parcours connu pour manquer d'eau sur une très grande longueur (8).

---

(1) Brosselard, p. 227.

(2) Il n'est pas sans intérêt de faire observer que, de l'aveu de M. Broussais luimême, le tracé d'In Salah à Bouroum traverse également des régions où l'eau n'est pas toujours abondante. Ainsi, à la page 186, l'auteur dit : « Il faudra ensuite traverser le désert de Tanezrouft... L'eau y est très rare... »

(3) *De Paris ou Soudan*, p. XII et XIII, puis 59.

(4) Derrecagaix, p. 109.

(5) Philebert et Rolland, p. 52-53.

(6) *Ibid.*

(7) *De Paris au Soudan*, p. 53-70.

(8) *Ibid.*, p. 58.

La meilleure réponse à ces assertions consiste en l'énumération des travaux accomplis par la première mission Flatters, énumération faite par le lieutenant-colonel lui-même devant la Commission supérieure du Transsaharien (1).

« Exploration complète de la région de l'Erg ou grandes dunes au sud » de Ouargla ; découverte d'un large passage par lequel une voie ferrée peut » franchir l'Erg en ligne droite, sur un terrain ferme et plat, fond de » ballast, sans avoir à surmonter un seul instant l'obstacle des sables ; » eau facile à trouver partout, en forant des puits, dont le maximum de » profondeur ne paraît pas devoir dépasser 15 mètres. »

M. Broussais insiste ensuite sur la fièvre de Ouargla, le terrible « tehem » dont parlent les voyageurs et qui est si redouté des indigènes (2).

Sur ce point, les documents de la mission Choisy réduisent à néant les craintes exprimées, car voici ce qui se lit dans le rapport de l'ingénieur en chef lui-même (3) :

« A six kilomètres environ de Ouargla, les Européens pourraient trouver » un lieu d'habitation excellent à tous égards, Ba-Mendil.

» Ba-Mendil est un canton élevé, dominé du côté du nord-ouest par un » escarpement ; la surface du sol se dispose en pente vers une sebkha, et » l'irrigation n'y laisserait pas d'eaux croupissantes. L'eau est bonne ; » toutes les conditions paraissent favorables au séjour des Européens. »

Et plus loin (4) :

« La principale objection qui s'élève contre le tracé par l'Oued Rir' » repose sur l'insalubrité des oasis que l'on considère généralement comme » inhabitables pour les hommes de la race blanche.

« Cette insalubrité, nous l'avons reconnu, n'est que trop réelle ; elle tient, » avons-nous dit, à la culture des palmiers par irrigation, à la présence » d'eaux croupissantes dans les fossés des villes, et surtout à la déplorable » situation des centres habités, au milieu même des marécages qui consti- » tuent les oasis. Or, ces causes d'infection ne sont pas sans remède ; on » peut supprimer l'un des foyers du mal en comblant les fossés des villes (5) ; » se soustraire aux influences les plus pernicieuses en choisissant comme » lieux d'habitation des points élevés et bien aérés ; Ouargla, par exemple, » serait un séjour dangereux pour les Européens, tandis que les plateaux » de Ba-Mendil, aux abords de Ouargla, seraient habitables. Nous sommes » loin de prétendre qu'on arrive jamais à faire de l'Oued Rir' une colonie » européenne, mais nous croyons qu'à la condition de limiter le séjour des » agents dans cette contrée et de choisir convenablement leurs résidences, » on assurerait l'établissement et l'exploitation d'un chemin de fer. »

---

(1) Derrecagaix, p. 71.
(2) *De Paris au Soudan*, p. 60.
(3) Rapport de l'ingénieur en chef, p. 34, 35.
(4) *Ibid.*, p. 41, 42.
(5) L'assainissement de Tougourt en est la meilleure preuve.

L'insalubrité de Ouargla ne constitue donc nullement un obstacle insurmontable. Peut-on en dire autant des oasis du Tidikelt? On ne possède aucune donnée à cet égard, et les causes qui amènent les fièvres, à savoir les eaux croupissantes, la situation des jardins en contre-bas du sol naturel, les fossés de défense remplis de matières animales ou végétales, n'existent-elles pas à In Salah comme à Ouargla ?

Enfin, M. Broussais reproche aux partisans du tracé central par l'Igharghar d'invoquer ce principe que les voies ferrées doivent s'attacher à suivre les thalwegs des grandes vallées (1). Il s'étend longuement sur le danger d'établir un railway dans les bas-fonds du Sahara ou dans les fleuves géographiques qui sont sans eau tant que la pluie se fait attendre, mais forment, par contre, des torrents dévastateurs chaque fois qu'ils coulent.

Flatters avait déjà, à propos de l'Oued-Insokki, appelé l'attention sur ces graves inconvénients et en avait pris texte pour écarter le tracé du Hassi-Inifel au Hassi-Insokki (2). Le lieutenant-colonel et ses collaborateurs se seraient donc bien gardés de préconiser une direction où de pareils accidents eussent été à craindre, et il est, d'ailleurs, absolument certain que les considérations de M. Broussais ne s'appliquent pas à l'Oued Igharghar. En remontant celui-ci, le tracé s'élève, au contraire, jusqu'aux assises inférieures du massif du Hoggar pour se développer ensuite à travers les plaines et les passages faciles en reg qui le conduisent à Bir Asiou. Il remplit donc exactement les conditions auxquelles, d'après M. Broussais, doit satisfaire un tracé bien compris (3).

A voir la discussion détaillée, dont la ligne centrale par Amguid est l'objet de la part de M. Broussais, dans le but d'en mettre en lumière l'absolue insuffisance, on s'attendrait à trouver, comme contre-partie, une démonstration très nette de la supériorité du tracé par Laghouat, El Goléa et In Salah (4). Or, il faut bien le constater, sous ce rapport la déception est complète. L'auteur se contente de dire que la traversée d'Alger à In Salah s'effectuera sur un terrain solide et suffisamment pourvu d'eau, véritable pont jeté par la nature entre les erg de sable. Il ajoute que de Laghouat à El Goléa, la voie a été étudiée et qu'il n'y a qu'à la construire. Plus loin, il suffit, selon lui, de poursuivre des études facilitées par les renseignements recueillis dans ces derniers temps (5).

On avouera que la justification est par trop sommaire et qu'il est inadmissible de se baser sur des considérations aussi vagues lorsqu'il s'agit de

---

(1) *De Paris au Soudan*, p. 61.
(2) Derrecagaix, p. 92.
(3) *De Paris au Soudan*, p. 62.
(4) M. Broussais ne s'occupe qu'en passant du tracé occidental, mais cet examen sommaire est justifié par l'absence complète de données techniques précises au delà d'Aïn Sefra.
(5) *De Paris au Soudan*, pp. 65-66.

résoudre le problème technique des tracés du Transsaharien (1). On ne saurait trop le répéter, les seuls éléments sérieux dont on dispose pour l'examen de ce problème sont les travaux des missions Choisy et Flatters. Toutes les autres données sont des appréciations, assurément très intéressantes, mais nullement autorisées, et ne présentant qu'une valeur relative.

Or, la mission Choisy a conclu en faveur du Biskra-Ouargla comparé au Laghouat-El Goléa, et Flatters a établi que la traversée du Hoggar, de Ouargla par Amguid à Bir Asiou, est non seulement praticable, mais encore facile sur la presque totalité de la longueur. Voilà à quoi se bornent les connaissances acquises. Aucun raisonnement ne peut prévaloir contre ces faits dont, au surplus, la constatation est due à des hommes d'une compétence indiscutable.

### § 4. — CONCLUSIONS.

Ainsi, tant sous le rapport technique qu'au triple point de vue politique, stratégique et commercial, le véritable tracé transsaharien est celui qui, de Philippeville, — le port le plus rapproché de Marseille, — se dirige en droite ligne sur le lac Tchad par Biskra, Ouargla, Amguid, Asiou et l'Aïr.

Ceci ne veut pas dire que Philippeville doive rester la seule tête de ligne. Au contraire, Alger paraît appelé à devenir une seconde gare d'origine, grâce au raccordement, selon la proposition de M. Rolland (2), de Boghari par Djelfa sur Tamerna, dans l'Oued Rir'.

D'autre part, Oran verra sans doute prolonger sa ligne de pénétration jusqu'au Touat et au Tidikelt. Ce sera là un chemin de fer stratégique de grande importance pour le sud-ouest algérien.

Dans ces conditions, il est permis d'exprimer l'espoir que la déplorable rivalité entre les trois départements de l'Afrique du Nord ne tardera pas à disparaître. Qu'ils réunissent enfin leurs efforts pour faire aboutir l'œuvre commune de la pénétration, tout en se renfermant chacun dans le champ d'action qui lui est assigné par la force des choses! Voilà comment ils doivent comprendre leur rôle, s'ils veulent prêter un concours efficace à la mère-patrie en vue de la conquête économique de l'intérieur du continent noir.

---

(1) M. Broussais n'a, d'ailleurs, pas refuté les conclusions topiques contre l'ancien tracé central par El Goléa, qui se trouvent au chapitre XI, pages 71-74, du travail de MM. Philebert et Rolland :

« On le voit, l'ancien tracé central a tout contre lui : le retard énorme de la ligne
» de pénétration qu'il prolongerait, le désert irrémédiable qu'il traverserait, les
» dépenses élevées qu'entraîneraient ses travaux d'art et son alimentation en eau, et,
» en fin de compte, l'absence de valeur propre comme objectif. Adopter ce tracé serait
» une véritable aberration. »

(2) *Le Siècle*, numéro du 7 février 1891. — Page 42 ci-dessus.

## II. Conditions d'exécution et d'exploitation.

Après avoir développé les motifs qui l'ont conduit à proposer le réseau transsaharien comprenant deux branches sur Bouroum et le lac Tchad, avec tronc commun d'Alger à l'Adrar Ahenet, M. Broussais complète son exposé par un programme d'exécution, des prévisions concernant le trafic, et des évaluations relatives à la dépense de premier établissement ainsi qu'aux frais d'exploitation.

Je me trouve fort embarrassé en présence de cette partie du travail de l'auteur. On voit, en effet, qu'il se meut ici sur un terrain qui lui est étranger, et les appréciations qu'il émet s'en ressentent. M. Broussais, il faut lui rendre cette justice, a cherché à s'entourer des renseignements les plus sérieux et a consulté les publications spéciales d'hommes compétents en matière de chemin de fer. Mais, n'étant pas ingénieur, les connaissances pratiques lui font forcément défaut pour envisager, sous toutes leurs faces, les questions purement techniques. C'est ce qui explique les omissions et les erreurs que l'on rencontre dans ses estimations et, d'une manière générale, dans les propositions qu'il formule en vue de la réalisation de son projet.

Ceci constaté une fois pour toutes et pour n'y plus revenir, il y a lieu d'examiner successivement le programme d'exécution, l'évaluation de la dépense de construction et le budget de l'exploitation.

### § 1. — PROGRAMME D'EXÉCUTION.

Selon M. Broussais, c'est à l'autorité militaire que doit revenir l'honneur de faciliter l'exécution du Transsaharien. Elle protégera les études, occupera en avant les points d'eau et les passages importants, préparera la soumission des oasis du Gourara, du Tidikelt et du Touat (1).

L'auteur fait suivre cet avis de quelques considérations sur la mission à confier aux officiers des affaires indigènes et sur la politique à mettre en œuvre à l'égard des confédérations touareg ; puis, brusquement et sans autre transition, il conclut en déclarant que l'expansion militaire et la construction du Transsaharien jusqu'au Niger pourront donc être effectuées en quatre périodes annuelles : une pour la préparation et trois pour l'exécution (2).

Cette conclusion ne s'appuie sur aucune discussion préalable ; c'est une simple affirmation. Il semble, cependant, que cela ne suffit pas. Lorsqu'on présente un programme aussi hardi, on ne saurait se dispenser de le justifier, sous peine de ne pas être pris au sérieux. Je suis le premier à

---

(1) *De Paris au Soudan*, p. 71.
(2) *Ibid.*, p. 73.

reconnaître la possibilité d'un avancement très rapide du rail à travers le Sahara ; seulement, ce n'est pas le moyen de faire accepter cette manière de voir que de la soutenir par des solutions mal étudiées. Or, celle de M. Broussais ne résiste absolument pas à la critique.

L'auteur propose de procéder militairement à la construction en avant d'une voie étroite provisoire de $0^m,60$, système Decauville, sur une longueur de 1,200 à 1,500 kilomètres. La voie large et définitive sera alors établie en arrière et progressivement, de telle façon que le matériel à voie étroite qu'elle remplacera pourra être immédiatement envoyé à l'avancement, afin de servir à prolonger la voie provisoire (1).

Ce programme paraît très simple et très séduisant à première vue ; en réalité, il est inapplicable. J'aurais mauvaise grâce à combattre l'idée tendant à commencer les travaux du Transsaharien avec une voie provisoire très étroite, car je l'ai moi-même défendue, il y a plus d'un an, dans le *Bulletin de la Société des Ingénieurs civils* (2). Mais les motifs que j'ai fait valoir en faveur de cette combinaison sont essentiellement différents de ceux mis en avant par M. Broussais et, d'ailleurs, les deux solutions techniques ne se ressemblent guère.

Mon unique préoccupation était l'économie à réaliser par l'emploi de la voie très étroite. M. Broussais néglige, au contraire, ce côté de la question et ne vise qu'à la rapidité d'avancement. Je prévoyais la voie de $0^m,75$ avec des rails de 12 kilogrammes, posée avec soin selon les méthodes en usage pour les voies plus larges (3) ; M. Broussais propose une voie légère de $0^m,60$ du système Decauville. On conviendra qu'il y a loin du premier projet au second.

Or, si la voie de $0^m,75$, régulièrement établie, peut très bien suffire à une circulation active, même sur de longs parcours, il en est autrement de la voie rivée de $0^m,60$. Celle-ci s'applique avec succès dans les places fortes ou à des lignes affluentes ; mais vouloir l'exploiter, ne fût-ce que pendant trois ou quatre ans, sur une longueur de 1,200 à 1,500 kilomètres, me paraît complètement inadmissible. D'autant plus que la voie provisoire de M. Broussais, après avoir reçu un développement considérable, est destinée à assurer le ravitaillement des colonnes militaires et l'approvisionnement des chantiers d'exécution.

Il résulte de ce qui précède qu'en tout état de cause il faudrait recourir à la voie de $0^m,75$ avec des rails de 12 kilogrammes. Mais le matériel de ce type étant beaucoup plus lourd, le système des traverses rivées présente, dès lors, bien moins d'avantages. D'autre part, la marche de la pose se ralentit forcément d'une manière assez sensible. Bref, les conditions de mise en œuvre se modifient notablement.

---

(1) *De Paris au Soudan*, pp. 74, 78 et 105.

(2) Numéro de février 1890. Note sur la largeur de voie à adopter pour la ligne Biskra-Tougourt-Ouargla.

(3) *Bulletin de la Société de Géographie*, 1890, n° 10, p. 296. Communication à la séance du 23 mai 1890.

M. Broussais inscrit à son programme une année de préparation et trois années d'action. On s'attendrait donc à ce que, à l'origine, il imprimât à l'avancement du rail une allure modérée, qui irait en s'accélérant à mesure que le fonctionnement des chantiers et des transports deviendrait plus régulier et plus facile. Aussi bien, n'est-ce pas sans surprise qu'on voit l'auteur s'arrêter à une solution tout opposée. Il veut, en effet, en une seule année, relier Alger à El Goléa, c'est-à-dire construire, à titre de début, 750 kilomètres (1) de voie ferrée dans un délai de neuf à dix mois. Et il appelle cela une période de préparation !

Il semble presque inutile d'insister davantage. Cependant, il ne paraît pas sans intérêt de faire observer que les études sont à compléter entre Boghari et Laghouat, de même qu'entre Laghouat et El Goléa, M. Broussais indiquant des variantes pour chacune de ces deux sections (2). La marche en avant se trouvera donc entravée ou suspendue dès le commencement des travaux. Et comment, dans ces conditions, exécuter en temps opportun les terrassements de la plate-forme ? Puis, n'aura-t-on pas besoin d'un certain délai pour commander et approvisionner à la tête de ligne le matériel de voie nécessaire ? Ne faut-il pas, en outre, organiser les transports et tous les services accessoires ? Enfin, M. Broussais ne parle que de la pose des rails, mais n'y a-t-il pas lieu de songer également aux gares, aux prises d'eau et aux installations de la traction ? Que la voie soit provisoire ou non, elle ne saurait être mise en exploitation sans cet outillage indispensable.

En résumé, la première année sera absorbée par l'organisation et la préparation de l'entreprise. A admettre que les travaux soient en train au début de la seconde année et que le rail s'avance à raison de 400 kilomètres par an, ce qui constitue une évaluation optimiste eu égard aux difficultés de terrain, on atteindra El Goléa au bout de trois années. Et ce délai doit être considéré comme un minimum.

D'ailleurs, l'effort extraordinaire de sa période de préparation une fois accompli, M. Broussais réduit lui-même dans une proportion notable la rapidité de marche de la pose. Pendant la première période d'action, la voie sera conduite jusqu'à Acabli, se prolongeant ainsi de 581 kilomètres. Au cours de la seconde période on n'ira que jusqu'à l'Adrar Ahenet et l'on se contentera de 379 kilomètres. Mais la troisième et dernière période verra de nouveau se produire une activité énorme, puisqu'il s'agira de franchir une distance de 760 kilomètres et d'arriver au coude du Niger.

L'auteur ne fournissant aucune explication pour motiver cette marche saccadée et quelque peu fantaisiste, ni pour faire connaître les moyens de la réaliser au point de vue technique, on ne peut que la signaler sans

---

(1) En plaçant le point de départ à Berrouaghia, soit à 138 kilomètres d'Alger. La distance totale de cette dernière ville jusqu'à El Goléa atteint 880 kilomètres.

(2) *De Paris au Soudan*, pp. 156-158 et p. 161.

s'y arrêter davantage. Mais, avant d'en finir avec le programme d'exécution, il reste cependant encore une question à élucider.

La voie large et définitive, dit M. Broussais (1), voie à pentes faibles et régulières, à courbes de grand rayon, sera étudiée à loisir et comportera toutes les rectifications de tracé indiquées par une connaissance plus complète du terrain parcouru. Ce mode de procéder paraît très rationnel en principe; malheureusement, dans l'espèce, le programme de l'auteur n'en permet qu'une application fort imparfaite.

Il y a lieu de constater tout d'abord que, la pose en avant de la voie étroite provisoire n'étant prévue que sur une longueur de 1,200 à 1,500 kilomètres, on se trouvera dans la nécessité absolue d'entreprendre l'établissement de la voie définitive au cours de la seconde année. Car à la fin de cette année, soit de la première période d'action, la tête du rail sera parvenue à Acabli, à plus de 1,300 kilomètres de son point de départ. La totalité du matériel Decauville aura donc été mise en œuvre, et afin de rendre disponibles les approvisionnements nécessaires pour engager la seconde période d'action, il faudra bien, au début de celle-ci, avoir terminé la voie définitive sur un parcours d'une certaine longueur.

Ce dernier résultat ne pourra évidemment être obtenu qu'autant que l'état d'avancement des travaux de la plate-forme ne mettra pas d'obstacle à la pose des rails. C'est dire que l'infrastructure du tracé définitif devra marcher avec une vitesse au moins égale à celle imprimée à la superstructure. Or, la voie large sera forcée de suivre l'allure de la voie étroite et de maintenir sa distance, qu'il importe de ne pas laisser s'accroître au delà de 1,200 kilomètres. Sinon, il se produirait une solution de continuité entre les deux voies et, par conséquent, une coupure inadmissible dans les communications avec les chantiers et les postes avancés.

On en vient ainsi à se demander quelle sera, en somme, l'utilité de la ligne provisoire, puisqu'à dix-huit mois d'intervalle, il faudra construire la ligne permanente avec une rapidité non moins grande. Cette question se présente à l'esprit avec une insistance d'autant plus vive que la dépense à engager ne se borne pas exclusivement à l'acquisition du matériel Decauville et aux opérations de pose correspondantes. Le tracé définitif comportera de nombreuses rectifications, M. Broussais le reconnaît lui-même ; dès lors, tous les travaux exécutés sur les parties abandonnées du tracé provisoire n'auront eu à remplir qu'un rôle temporaire et les capitaux y employés seront presque complètement perdus (2). Étant donné que les variantes se multiplieront sur un parcours de 2,600 kilomètres dont les trois quarts environ n'ont encore fait l'objet d'aucune étude technique, il y aura là une source de grands mécomptes financiers.

---

(1) *De Paris au Soudan*, p. 79.

(2) Sauf la fraction presque insignifiante qui aura pu être amortie avant la mise en exploitation de la ligne définitive à voie large.

## § 2. — DÉPENSES DE PREMIER ÉTABLISSEMENT.

A en croire M. Broussais, son projet de Transsaharien serait de beaucoup le plus économique.

A l'appui de son dire, il présente une estimation de la dépense de premier établissement, d'après laquelle le prix kilométrique moyen pour l'ensemble des lignes ressort à 79,000 francs. L'auteur serait donc certainement fondé à se prévaloir d'un bon marché exceptionnel, si ses évaluations pouvaient être considérées comme exactes. Mais il n'en est nullement ainsi.

Dès l'origine, on se heurte à une thèse assez inattendue, à savoir que les frais de construction de la voie étroite provisoire ne doivent pas entrer en ligne de compte, que ce soit à l'État ou bien à une Compagnie qu'incombe l'exécution du Transsaharien définitif (1). Les considérations au moyen desquelles M. Broussais cherche à justifier cette proposition singulière, ne laissent pas que d'être vagues et peu concluantes. Elles se résument en ce que la pose rapide de la voie Decauville sera l'exercice d'une action militaire et politique d'un caractère spécial, pour traverser et soumettre des contrées d'une nature toute particulière (2). Cela ne semble pas très clair, et, en tout cas, n'indique nullement sur quel budget il faudra imputer la dépense correspondante, du moment que ce n'est pas celui du Transsaharien qui aura à la supporter.

Mais peut-on sérieusement admettre cette dernière solution ? La voie étroite provisoire fait partie intégrante du programme d'exécution et y joue un rôle essentiel. Comment, dès lors, la laisser de côté dans les évaluations ?

Or, si l'on en tient compte, le coût kilométrique indiqué par M. Broussais subira de ce chef une majoration notable. La voie de $0^{m},75$ avec le rail de 12 kilogrammes reviendra à 10,000 francs le kilomètre au moins, rendue à Boghari, origine de la ligne provisoire à construire. En fixant à 5,000 francs la moyenne des frais de transport jusqu'au Niger, puis en ajoutant 2,000 francs pour les travaux de pose et 3,000 francs pour le matériel roulant, la dépense totale par kilomètre, avec une somme à valoir de 15 0/0, s'élèvera à 23,000 francs. Les prévisions de M. Broussais comportant 1,500 kilomètres de voie Decauville, et la longueur intégrale de son réseau définitif atteignant 4,300 kilomètres, le prix de revient kilométrique devra, pour ce dernier, être augmenté de :

$$\frac{23{,}000 \text{ fr.} \times 1{,}500}{4{,}300} = 8{,}000 \text{ fr.}$$

Ceci établi, il y a lieu d'examiner l'estimation du chemin de fer permanent à voie large.

---

(1) *De Paris au Soudan*, p. 105.
(2) *Ibid.*, citation textuelle.

L'auteur l'a dressée de deux manières, en appliquant des modes d'évaluation différents, l'un direct, l'autre indirect. Celui-ci prend pour base le coût de la tonne kilométrique utile transportée, ce coût comprenant les frais annuels d'administration, d'exploitation, d'intérêt et d'amortissement du capital de premier établissement, de roulement d'un train dans chaque sens par jour (1). Le chiffre correspondant adopté par M. Broussais est de 0 fr. 0235 (2), sans que, toutefois, l'auteur fournisse des calculs justificatifs. Il se borne à dire que les meilleurs esprits acceptent aujourd'hui pour des lignes bien assises en Europe le prix de 0 fr. 02, comme coût réel de la tonne kilométrique utile; qu'en principe, cette donnée peut être admise en Afrique et surtout dans le Sahara ; mais que, cependant, pour ne s'exposer à aucun mécompte, il convient de porter à 0 fr. 0235 le chiffre énoncé, en raison des sujétions spéciales, telles que les transports d'eau et de combustible, l'éloignement des chantiers, etc. (3).

Je doute qu'un seul homme compétent consente à prendre au sérieux une pareille méthode d'évaluation. Celle-ci, en effet, traite la question à rebours, car pour être en mesure de se prononcer sur le prix de revient de la tonne transportée, on a besoin de connaître au préalable le montant des dépenses de construction et d'exploitation. Tant qu'on ne possède pas le détail estimatif de ces dépenses, il n'existe aucun moyen de déterminer la valeur numérique des facteurs qui entrent dans le prix de transport kilométrique dont on ne peut, d'autre part, vérifier le degré d'exactitude qu'en le décomposant. M. Broussais omet de procéder à cette étude analytique : il n'essaie même pas de traduire en chiffres l'influence des sujétions particulières qu'il signale. C'est pourquoi son évaluation de 0 fr. 0235 pour le coût réel de la tonne kilométrique, ne saurait échapper au reproche d'arbitraire ; d'où la nécessité de l'écarter sans aucune réserve.

Reste l'estimation directe des frais de premier établissement. Ici encore, les données précises font défaut sur plusieurs points, et il paraît notamment très difficile de se rendre compte comment ont été obtenus les chiffres qui figurent au tableau de l'infrastructure (4). En l'absence d'éléments suffisants, toute discussion utile à cet égard devient impossible, mais le tableau appelle néanmoins deux observations qu'il importe de ne pas passer sous silence.

M. Broussais arrive à 40,000 francs pour le prix de revient moyen. Comme les frais d'acquisition de terrains seront presque nuls et que, d'un autre côté, il y aura peu d'ouvrages d'art, la dépense prévue se rapporte presque exclusivement aux terrassements du corps du chemin de fer, étant donné qu'il est inutile de se préoccuper des rectifications de route ou des dérivations de cours d'eau. Il résulte de là qu'en faisant abstraction de la

(1) *De Paris au Soudan*, p. 107.
(2) *Ibid.*, p. 108.
(3) *Ibid.*, p. 108-109.
(4) *Ibid.*, p. 213-214.

somme à valoir, et en réservant 6,000 francs par kilomètre pour les travaux d'art, les terrassements sont évalués à 32,000 francs. Par conséquent, et si l'on applique le prix certainement exagéré de 2 francs le mètre cube, M. Broussais compte sur une moyenne de 16 mètres cubes à déplacer par mètre courant.

Or, une telle moyenne ne se rencontre que sur des lignes à profil en long très accidenté (1), et son adoption, d'une manière uniforme, pour le développement total du réseau, soit 4,300 kilomètres, tendrait à faire croire que l'on redoute d'avoir à surmonter, en de nombreux passages, des difficultés de terrain peu communes.

En second lieu, l'auteur étend au tronçon d'Alger à El Goléa l'évaluation kilométrique de 40,000 francs pour l'infrastructure, y compris les travaux d'art (2). Ceci paraît inadmissible, au moins en ce qui regarde la section Laghouat-El Goléa. Celle-ci, en effet, entraînera, d'après les estimations de MM. Choisy et Barrois, une dépense de 5,321,000 francs pour les terrassements proprement dits, et de 15,250,000 francs pour les ouvrages d'art (3). A répartir le total de 20,571,000 francs sur les 420 kilomètres que mesure la section, la moyenne kilométrique ressort à 49,000 francs que l'on ne saurait, sans autre justification, réduire purement et simplement à 40,000 francs,

Le coût probable de la superstructure a été calculé par M. Broussais à l'aide de divers éléments d'appréciation empruntés aux lignes ferrées européennes (4). C'est évidemment là une des causes qui l'ont induit en erreur et le font aboutir à des résultats inacceptables.

Le chiffre qui soulève les critiques les plus sérieuses est celui concernant la voie proprement dite. L'auteur fixe à 30,000 francs, pour l'ensemble du réseau, la dépense kilométrique que nécessiteront la fourniture du matériel, la pose et le ballastage. Mais comme il n'indique pas le poids du rail à employer, on ne peut savoir sur quelle base il a tablé. Cependant, c'eût été d'un certain intérêt de connaître celle-ci, d'autant plus que le chiffre de 30,000 francs constitue manifestement une prévision trop faible.

M. Broussais veut que la voie définitive soit assez robuste pour supporter le passage à grande vitesse des trains de 500 à 1,000 tonnes (5). Dans ces conditions, elle exige, à la largeur de $1^{m},445$, l'adoption d'un rail de 32 à 35 kilogrammes au minimum. Avec le petit matériel et des traverses métalliques de 45 kilogrammes, le poids total du mètre courant de voie s'élèvera dès lors à environ 120 kilogrammes.

Si, d'autre part, on considère que les rails en acier valent 150 francs la tonne pris à l'usine, et qu'ils reviennent donc certainement à 175 francs sur quai à Alger, on arrive à ce résultat qu'à Berrouaghia, où se trouvera

---

(1) Sur la ligne de Batna à Biskra, construite à voie normale, la moyenne, sur 120 kilomètres, n'atteint pas 12 mètres cubes par mètre courant.

(2) *De Paris au Soudan*, p. 214.

(3) *Documents de la mission Choisy*, p. 80.

(4) *De Paris au Soudan*, p. 109.

(5) *Ibid.*, p. 78.

le point de départ des travaux du Transsaharien, le coût de la tonne de matériel se calculera comme suit :

| | |
|---|---|
| Prix sur quai à Alger. . . . . . . . . . . . . . . Fr. | 175 » |
| Transport sur 138 kil. au tarif de 0 fr. 10 par kilom. | 13 80 |
| Manutention, mise en dépôt, faux frais . . . . . . . | 3 20 |
| TOTAL. . . . . . . . . . . . Fr. | 192 » |

Afin d'amener finalement le matériel à pied d'œuvre, il faudra le recharger et le réexpédier sur une distance moyenne de :

$\frac{1,700 \text{ kil.}}{2} = 850$ kil. pour le tronc commun (1);

$1,700 \text{ kil.} + \frac{760 \text{ kil.}}{2} = 2,080$ kil. pour l'embranchement du Niger;

$1,700 \text{ kil.} + \frac{1,700 \text{ kil.}}{2} = 2,550$ kil. pour l'embranchement du Tchad.

Un simple calcul montre que la moyenne générale des transports sera donc de 1,770 kilomètres (2).

A 0 fr. 10 la tonne kilométrique, en comprenant dans cette taxe toutes les sujétions, cela fera une majoration de 177 fr. par tonne de matériel, rendue au chantier de pose. Le coût total correspondant atteindra ainsi :

$$192 \text{ fr.} + 177 \text{ fr.} = 369 \text{ fr.}$$

Or, le mètre courant de voie pesant 120 kilog., son prix de revient à pied d'œuvre sera, en moyenne, pour l'ensemble du réseau :

$$369 \text{ fr.} \times 0,12 = 44 \text{ fr. } 28.$$

En outre, la pose coûtera 2 fr. 50, et avec les faux frais, 2 fr. 72. Quant au ballast, il occasionnera, à raison d'un mètre cube par mètre courant de voie, une dépense de 3 francs.

D'où cette conclusion qu'il y a lieu d'évaluer la voie, mise en place et ballastée, au prix total de :

$$44 \text{ fr. } 28 + 2 \text{ fr. } 72 + 3 \text{ fr.} = 50 \text{ fr.}$$

par mètre courant ou de 50,000 fr. par kilomètre, ce prix étant une moyenne applicable à l'ensemble du réseau.

MM. Choisy et Barrois, dans leur estimation des lignes de Ouargla à Biskra et de Laghouat à El Goléa, admettent pour la superstructure ce même prix de 50,000 fr. (3); on ne saurait donc prétendre qu'il y ait exagéra-

(1) La longueur totale du tronc commun, d'Alger à la bifurcation, s'élevant à 1,840 kil., il y a lieu d'en déduire le parcours d'Alger à Berrouaghia qui est de 138 kil., soit 140 kil. en chiffres ronds.

(2) $\frac{1,700 \times 850 \text{ kil.} + 760 \times 2,080 \text{ kil.} + 1,700 \times 2,550 \text{ kil.}}{4,160} = 1,770$ kil.

(3) Documents de la mission Choisy, p. 110.

tion dans les prévisions formulées plus haut, puisque celles-ci se rapportent non pas au tronçon d'origine mais au parcours total du Transsaharien.

Si tous les chiffres de M. Broussais relatifs à la superstructure ne doivent pas, comme celui concernant la voie, subir une augmentation d'environ 70 0/0, il y en a cependant encore plusieurs qui sont incontestablement trop faibles. Ainsi, en les prenant dans l'ordre adopté par l'auteur, les voies d'évitement et de garage figurent pour 250 fr. le kilomètre, soit 1/120e du coût de la voie, tandis qu'il faut compter au moins le 1/15e, soit 3,300 fr. Les stations et haltes, y compris les dépôts, remises, docks et hangars, sont inscrites au taux kilométrique de 1,250 fr.; or, les dépenses de ce chef ne sauraient descendre en dessous de 5,000 francs ou même de 6,000 fr. Le crédit de 3,000 fr. réservé pour le matériel roulant, paraît également insuffisant; avec la voie normale, 6,000 à 7,000 fr. constituent un minimum.

Enfin, l'estimation des études et des frais généraux est absolument dérisoire. M. Broussais les porte ensemble à 1,000 francs le kilomètre, ce qui correspond à 1 1/4 0/0 environ de la dépense totale de premier établissement. Mais, en règle générale, on majore le coût des travaux proprement dits de 5 0/0 pour le personnel et les études, puis de 5 0/0 à 7 0/0 pour les frais généraux. En raison des sujétions spéciales résultant du climat du désert ainsi que de l'éloignement des chantiers, il sera prudent de prévoir pour le Transsaharien une majoration totale de 15 0/0.

En résumé, l'insuffisance du chiffre de 80,000 francs, auxquels M. Broussais évalue en moyenne les frais de construction par kilomètre, dans l'hypothèse de la voie large, se trouve démontrée d'une manière irréfutable. En élevant les prévisions à 140,000 francs, on ne sera pas encore à l'abri des mécomptes, mais on se rapprochera, du moins, sensiblement de la réalité. Seulement, est-ce là une solution économique du problème?

## § 3. — BUDGET DE L'EXPLOITATION

Il serait malaisé d'entreprendre une discussion approfondie des pages (1) que l'auteur consacre à cette question délicate. Car enfin, si l'on y trouve beaucoup de chiffres et même des calculs, en revanche, on y chercherait en vain la justification des bases admises. Il faut donc bien se borner ici à signaler quelques points sur lesquels il y aura des réserves à faire en tout état de cause.

Le premier concerne les frais d'exploitation que M. Broussais évalue, sans autre explication, à 3,000 francs par kilomètre et par an (2). Quelques développements à ce sujet n'eussent pourtant pas été de trop. Dans sa remarquable étude sur le trafic et les tarifs du Transsaharien, M. Rolland arrive (3), à la suite d'un examen détaillé, au taux kilométrique de 5,500 fr.

(1) *De Paris au Soudan*, p. 92-105.
(2) *Ibid.*, p. 112.
(3) *Économiste français*. Numéros des 30 mai et 13 juin 1891. — Page 67 ci-dessus.

Ce résultat présente, à mon avis, un haut degré d'exactitude et ne paraît pas devoir subir des modifications de quelque importance. L'estimation de M. Broussais est donc à augmenter de 80 0/0 au moins.

Le second point vise l'affirmation de l'auteur que, sur le tronc commun qu'il propose, la circulation sera mathématiquement le double de ce qu'elle aurait été sur une longueur analogue de chacun des deux tracés parallèles à travers l'Algérie et le Sahara (1).

C'est là une hypothèse absolument gratuite, car rien ne prouve que le tronc commun réussirait à attirer tout le trafic qui passerait éventuellement sur les rails de deux lignes latérales, se développant à l'est et à l'ouest. Pour la première, il est même permis de conclure nettement en sens contraire. L'allongement de parcours qu'imposerait le détour par le Tidikelt au chemin de fer vers le Tchad, mettrait celui-ci dans un état d'infériorité manifeste vis-à-vis de la route fluviale et maritime par la Bénoué et le Niger, en sorte que le trafic qui empruntera la voie directe sur Philippeville, échapperait au tronc commun conduisant à Alger.

Dans ces conditions, la classification et la répartition des transports qu'indique M. Broussais ne sauraient être acceptées sans les plus expresses réserves, puisque l'appoint du Soudan central deviendrait pour le moins très problématique. D'ailleurs, les tonnages adoptés ne sont aucunement motivés, pas plus que les taxes à percevoir. M. Rolland, dans ses articles de l'*Économiste français* (2), a autrement étayé les chiffres qu'il propose pour le trafic ainsi que pour les tarifs. Je préfère donc m'en tenir à ceux-ci, et je termine en constatant avec regret que les évaluations de M. Broussais, relatives aux recettes, présentent exactement le même caractère que celui déjà reconnu à ses prévisions concernant la dépense de premier établissement et les frais d'exploitation.

*Juin 1891.*

A. FOCK.

---

(1) *De Paris au Soudan*, p. 112.

(2) Numéros des 3, 10 et 17 janvier, des 30 mai et 13 juin 1891. — (Chapitres VIII et IX du présent recueil.)

## III

### LE TRANSSAHARIEN

### ET LE CHEMIN DE FER VERS LE GOLFE DE BÉNIN

(INÉDIT)

Rien n'est plus difficile que de déraciner une idée généralement admise, fût-elle cent fois fausse ; on le constate à nouveau dans la question des routes commerciales vers le Soudan central.

En vertu de ce principe que les voies fluviales et maritimes offrent aux transports un bon marché incomparable, il avait été décrété, sans autre examen, que le bas Niger et la Bénoué étaient les seules artères à suivre pour pénétrer jusqu'au bassin du lac Tchad. L'hypothèse d'une concurrence éventuelle par le nord se trouvait exclue *à priori*.

Or, M. Rolland, s'appuyant sur des calculs nets et précis (1), est venu détruire cette réputation surfaite des deux grands fleuves africains, et a mis en lumière la supériorité du Transsaharien, susceptible d'assurer des communications non seulement plus rapides, mais aussi plus économiques.

La démonstration me paraît concluante et, d'ailleurs, les chiffres énoncés par M. Rolland n'ont pas été contestés. Néanmoins, le résultat auquel ils conduisent, s'éloigne tellement des appréciations courantes, et l'on s'est déjà si bien habitué à accepter comme indiscutables les avantages de la route anglaise par le golfe de Bénin (2), que de plusieurs côtés on hésite encore à admettre la défaite définitive de celle-ci. On se dit que la *Royal Niger C°* luttera avec la dernière énergie pour tenir tête à la future Compagnie du Transsaharien, et que, dans le but de combattre à armes égales et d'opposer

---

(1) *Le Trafic du Transsaharien* (*Economiste français* des 3, 10 et 17 janvier 1891). — Voir plus haut ch. VIII, p. 51.

(2) Ainsi, M. Sabatier, dans son récent volume : *Touat, Sahara et Soudan* (Paris, 1891), dit encore, à la page 73, « que la question ne se pose même pas ». Je compte répondre sous peu aux critiques que M. Sabatier dirige contre le tracé central du Transsaharien par Amguid et le pays d'Aïr vers le lac Tchad, mais je tiens à constater dès aujourd'hui que l'auteur, en parlant des frais de transport suivant les deux routes en présence, n'oppose aucun calcul à ceux de M. Rolland et n'essaie même pas de démontrer l'inexactitude de ces derniers qui détruisent cependant d'une manière absolue la thèse que soutient M. Sabatier.

le rail au rail, elle ne reculera même pas, le cas échéant, devant la construction d'un chemin de fer se dirigeant de l'Atlantique vers le Tchad. Or, celui-ci ne présentera qu'un développement total de 1,600 kilomètres, tandis que la ligne de la Méditerranée atteindra 3,400 kilomètres, c'est-à-dire une longueur double. La victoire ne restera-t-elle donc pas finalement au premier?

Il y a lieu de faire observer, tout d'abord, que ceux qui raisonnent ainsi reconnaissent implicitement l'exactitude des calculs de M. Rolland et le bien fondé de sa conclusion, tendant à établir que les transports seront moins onéreux par le Transsaharien que par la voie fluviale et maritime de la Bénoué et du Niger.

D'autre part, il ne paraît pas difficile de prouver que cette conclusion subsiste, ou plutôt s'accentue encore davantage, lorsqu'on table sur l'existence d'un railway reliant le lac Tchad à l'embouchure du Niger.

Le tracé de ce chemin de fer passe à Yola, puis se développe parallèlement à la Bénoué et au Bas-Niger pour aboutir à Akassa. Il suit donc constamment le cours des deux fleuves.

En ce qui regarde la dépense qu'entraînerait la construction de la ligne projetée, on ne possède aucune donnée suffisamment précise sur la configuration du sol dans les régions à traverser pour se permettre de formuler une estimation même approximative. La seule chose qu'on puisse affirmer *a priori*, c'est que le prix de revient kilométrique sera fort élevé.

En premier lieu, les travaux d'établissement auront à faire face à deux sujétions très sérieuses. Le tracé rencontre de nombreux cours d'eau, des criques, des affluents, qui tous nécessiteront des ouvrages d'art plus ou moins considérables. La section d'origine dans le delta du Niger deviendra particulièrement coûteuse sous ce rapport, et, d'autre part, les grands ponts qu'imposera le passage du fleuve lui-même, ainsi que de la Bénoué, donneront également lieu à des frais très importants. D'ailleurs, et d'une manière générale, il faudra calculer les débouchés des viaducs en tenant compte du régime torrentiel du Niger dont les crues atteignent la hauteur de 10 mètres en moyenne (1). Cette circonstance, au surplus, n'aura pas seulement pour résultat de faire augmenter la longueur des ouvrages; elle amènera, en outre, une surélévation fâcheuse de la ligne rouge du profil en long.

Il est vrai que l'on devra, en tout état de cause, recourir à cette dernière disposition pour mettre la plate-forme du chemin de fer à l'abri des inondations. Car voilà le second inconvénient avec lequel on se trouvera aux prises. Périodiquement, de juillet à octobre, le pays arrosé par les rivières est en partie submergé. Yola, où le railway prendra contact avec la Bénoué, a été bâti dans une plaine basse qui disparaît sous l'eau à l'époque des crues. Un tel état de choses exigera l'exécution de nombreux travaux de

---

(1) ÉDOUARD VIARD : *Au Bas-Niger* (Paris, 1886, Guérin), p. 105.

protection et de défense, d'autant plus que, grâce aux courants rapides, les rives du Niger sont sans cesse attaquées par les éboulements (1).

Tout cela ne semble guère de nature à favoriser l'établissement d'une ligne ferrée, et ne laissera pas que de rendre fort dispendieuse une pareille entreprise. Celle-ci, d'ailleurs, ne pourra se développer avec une réelle vigueur que du moment où elle disposera d'un port maritime bien outillé sur l'océan Atlantique. Or, que d'obstacles ne faudra-t-il pas surmonter pour construire des quais, créer des bassins et édifier les installations nécessaires dans le delta marécageux du Niger! On n'y parviendra évidemment qu'au prix de sacrifices très lourds sous le rapport financier.

Et puis, l'insalubrité déjà si grande de ces contrées s'aggravera encore lorsque le sol aura été fraîchement remué, tant par les travaux de terrassement que par ceux de dragage ou de fondation. Les fièvres paludéennes s'y manifesteront avec une intensité terrible.

Somme toute, et à comparer au Transsaharien le chemin de fer du Tchad au golfe de Bénin, on reconnaît que celui-ci sera bien plus coûteux que celui-là. La traversée du désert ne comporte des ouvrages d'art, ni pour le passage des rivières, ni pour la défense de la plate-forme contre l'action des eaux d'inondation. Les têtes de ligne sur le littoral de la Méditerranée sont déjà dotées de ports suffisamment aménagés, et ne nécessiteront de ce chef que des travaux de parachèvement. Enfin, le climat du Sahara n'est nullement malsain, sauf dans les bas-fonds, et les Européens peuvent le supporter en observant une hygiène sévère.

Chiffrer la différence qui existe ainsi en faveur du Transsaharien au point de vue de la dépense de premier établissement, paraît chose absolument impossible. En effet, les éléments d'évaluation font défaut pour le railway du Niger. Néanmoins, il est acquis que les voies ferrées exécutées dans des conditions analogues sont revenues à 150,000 francs le kilomètre au minimum. Or, l'estimation correspondante pour le Transsaharien s'élève seulement à 100,000 francs.

Aussi bien, et à parcours égal, la ligne du Tchad vers le sud ne saurait-elle admettre les tarifs minima dont M. Rolland (2) prévoit l'application sur le chemin de fer de l'Algérie au Soudan central. En ce qui regarde ce dernier, les calculs conduisent à la taxe moyenne de 0 fr. 045 pour 1,400 kilomètres, et à celle de 0 fr. 04 pour 1,800 kilomètres de distance. Il ne sera donc guère possible de descendre au-dessous de 0 fr. 05 sur la ligne du Niger, pour un parcours de 1,600 kilomètres.

A supposer qu'à cette moyenne de 0 fr. 05 corresponde un tarif minimum de 0 fr. 035 pour les matières lourdes et encombrantes (3), ce qui constitue une hypothèse très favorable, les frais de transport du Tchad à Marseille se chiffreront ainsi qu'il suit :

---

(1) Viard : Ouvrage déjà cité, p. 104.

(2) *Le Trafic et les Tarifs du Transsaharien* (*Économiste français*, numéro des 3, 10 et 17 janvier, 30 mai et 13 juin 1891.) — Pages 51 et 67 ci-dessus.

(3) La quatrième catégorie de marchandises, d'après la classification de M. Rolland.

| | | |
|---|---|---|
| Trajet du Tchad à l'embouchure du Niger : 1,600 kilomètres à 0 fr. 035 . . . . . . . . . . . . . . . . . . . . . . . . . | Fr. | 56 » |
| Transbordement, mise en dépôt au port d'attache du service maritime : 3 + 4 . . . . . . . . . . . . . . . . . . . . . | (1). | 7 » |
| Traversée maritime jusqu'à Marseille. . . . . . . . . . . | (2). | 30 » |
| Total . . . . . . | Fr. | 93 » |

Comme le transport par le Transsaharien ne coûtera en quatrième catégorie que 72 fr. 20 (3) et présentera, en outre, l'avantage de la rapidité, il paraît certain que la voie du nord n'aura pas plus à redouter la concurrence d'un railway jusqu'au golfe de Bénin que celle de la navigation fluviale sur la Bénoué et le bas Niger.

En résumé, et de quelque côté qu'on envisage la question, la route française vers la Méditerranée sera la meilleure et la plus économique pour le commerce avec le bassin du lac Tchad. Aussi bien, comme l'a dit M. Rolland, l'avenir est-il au Transsaharien.

A. Fock.

*Juin 1891.*

---

(1) *Économiste français* du 13 juin 1891.
(2) *Ibid.*
(3) *Ibid.*

# POST-SCRIPTUM

A la veille de la présente publication vient de paraître encore un nouvel ouvrage sur la question transsaharienne : *Touat, Sahara et Soudan*, par M. Camille Sabatier, avec une carte dite du *Sahara central et méridional*, mais dont le vrai titre serait plutôt : Du Sud oranais à la boucle du Niger.

Il y sera répondu.

*Juin 1891.*



PARIS. — IMPRIMERIE CHAIX, RUE BERGÈRE, 20. — 13418-6-91.

LÉGENDE
Possessions françaises, pays soumis à notre protectorat, zones d'influence reconnues ou devant être considérées comme acquises.
Régions considérées comme devant rentrer dans notre sphère d'influence
Chemins de fer en exploitation et en construction
Central-Transsaharien et Prolongements soudanais
Ligne occidentale de pénétration
L'AFRIQUE FRANÇAISE
par
Mr Georges ROLLAND, Ingénieur au Corps des Mines
Faire un tout de l'Algérie, du Sénégal et du Congo, par le Sahara touareg et par le Soudan central et occidental: tel doit être le programme d'ensemble de la France dans l'Afrique occidentale.
Central-Transsaharien par l'Igharghar reliant directement l'Algérie aux régions du lac Tchad, et ligne occidentale de pénétration jusqu'au Touat: telles sont les deux conclusions de la discussion sur les tracés transsahariens
Echelle de 1/20.000.000
1891
ESPAGNE
MAROC
ALGÉRIE
TRIPOLITAINE
Tripoli
FEZZAN
Mourzouk
SAHARA
DÉSERT LYBIQUE
ADRAR
BORKOU
MASSINA
Tombouctou
SÉNÉGAL
FOUTA DJALLON
SIERRA LEONE
LIBERIA
ACHANTI
CAPE COAST
TOGO
DAHOMEY
SOKOTO
Sokoto
Kano
NOUPÉ
ADAMAOUA
CAMEROUN
BORNOU
OUADAY
BAGHIRMI
ÉTAT LIBRE DU CONGO
CONGO FRANÇAIS
Libreville
Léopoldville
ANGOLA
OCÉAN ATLANTIQUE
GOLFE DE GUINÉE

www.ingramcontent.com/pod-product-compliance
Ingram Content Group UK Ltd.
Pitfield, Milton Keynes, MK11 3LW, UK
UKHW012034240726
13965UKWH00002B/783